La democracia sin sometimiento

Salto de fondo

Thomas Bauer · La pérdida de la ambigüedad

Heike Behrend · La humanización de un mono

Moritz Rudolph · El espíritu universal como salmón

Carrie Jenkins · Amor triste

Svenja Flasspöhler · Sensible

Éric Sadin · Hacer disidencia

Tyson Yunkaporta · Escrito en la arena

Valeria Campos Salvaterra · pensar/comer

Francisco Villar Cabeza · Cómo las pantallas devoran a nuestros hijos

Daniel Gamper · De qué te ríes

Jens Balzer · Ética de la apropiación cultural

Tristan Garcia · La vida intensa

Laurent de Sutter · Elogio del peligro

Gilles Fumey · Geopolítica de la alimentación

Fatima Bhutto · Los nuevos reyes del mundo

Raquel Ferrández · Inmortalidad digital

Tyson Yunkaporta · Relato correcto, relato incorrecto

Miquel Seguró · La seducción del encanto

Catrin Misselhorn · La inteligencia artificial y el fin del arte

Laurent de Sutter · Decepcionar es un placer

Julio J. Segarra · Big Pharma

Corine Pelluchon

La democracia
sin sometimiento

o la potencia de lo femenino

Traducción de
Marina Laboreo

Herder

Título original: La démocratie sans emprise ou la puissance du féminin
Traducción: Marina Laboreo
Diseño de la cubierta: Herder

© *2025, Éditions Payot & Rivages, París*
© *2026, Herder Editorial, S.L., Barcelona*

ISBN: 978-84-254-5291-8

Imprenta: Liberdúplex
Depósito legal: B-1971-2026

Impreso en España - Printed in Spain

Herder
www.herdereditorial.com

ÍNDICE

PREFACIO 11

LA DEMOCRACIA ASEDIADA 15

UN PSICOANÁLISIS AL REVÉS 33

EL SOMETIMIENTO 51

LAS GUARDIANAS DE LA DEMOCRACIA 77

POLÍTICA DE LA CONSIDERACIÓN 111

LA POTENCIA DE LO FEMENINO 145

BIBLIOGRAFÍA 169

El hombre alcanza su plena madurez cuando sale por completo del narcisismo, tanto del narcisismo individual como del de grupo.

Vivimos en un periodo histórico que se caracteriza por una aguda discrepancia entre el desenvolvimiento intelectual del hombre, que condujo a la creación de los armamentos más destructores, y su desarrollo mental-emocional, que lo tiene aún en un estado de marcado narcisismo con todos sus síntomas patológicos. ¿Qué puede hacerse para evitar la catástrofe que fácilmente puede resultar de esa contradicción?

ERICH FROMM, *El corazón del hombre*

PREFACIO

Proponer un proyecto de sociedad que permita a cada persona encontrar su lugar mediante la participación en una empresa colectiva de reestructuración de los modos de producción y de reorientación de la economía constituye el objetivo de una política de la consideración. Aunque este mensaje difícilmente podrá calar en la población si no se repara aquello que, en las sociedades contemporáneas, lleva décadas profundamente dañado y explica que muchas personas se sientan despreciadas y desconfíen tanto de los dirigentes como de las élites.

No es necesario invocar la llegada de una *gran noche* para sustituir la dominación por la cooperación e instaurar un proyecto humanista y ecológico. La democracia, para florecer y transformarse, requiere ideas, pero sobre todo amor. No ese amor falso que es —como el nacionalismo— un delirio colectivo que sirve para disipar el temor al desclasamiento y reprimir el sentimiento de impotencia, sino un amor al mundo que nace de la gratitud por lo recibido y de la acogida a los nuevos seres. En efecto, la política se vuelve necesaria ante la vulnerabilidad constitutiva del ser humano, su fragilidad física y psíquica, así como su permeabilidad al mal, pero solo la democracia está en condiciones de responder a la diversidad humana que se origina en el nacimiento, en la llegada al mundo de seres siempre distintos. Sus instituciones y la centralidad que otorga a la educabilidad del ser humano se fundamentan en la necesidad de prolongar nuestro nacimiento: desarrollar nuestras potencialidades para existir plenamente como individuos libres y singulares.

La democracia se sustenta en una relación con uno mismo y con el mundo común que exige neutralizar la necesidad de dominación de las personas para que puedan llevar una vida buena con y para los demás. Su potencia no tiene nada que ver con la fuerza que emana del miedo a perder el control ni con la tensión interior que este miedo engendra. Al nutrirse del amor al mundo y dar testimonio —incluso en contextos de pobreza u opresión— de ese amor que (re)aviva el cuidado hacia los otros, especialmente hacia los más jóvenes, podemos hablar de una potencia de lo femenino. Se trata de plenitud e irradiación, capacidad de encuentro y de escucha, imaginación creadora y generosidad. Esta potencia vital es la que, al borde del abismo, puede abrirnos, juntos, el camino hacia la libertad.

Asociar la potencia de lo femenino a una democracia saludable, capaz de resistir los embates de quienes buscan envilecerla, no implica que solo las mujeres puedan preservarla ni que ellas estén exentas de convertirse en líderes fascistas. Lo femenino tampoco alude a un conjunto de clichés esencialistas construidos a partir de representaciones sobre lo que las mujeres deberían ser en función de sus características biológicas o de los roles sociales que históricamente se les han asignado. No remite ni al cuerpo natural ni a una mera construcción social. Sin embargo, la relación con uno mismo y con el mundo que designa lo femenino se inspira en la experiencia de las mujeres porque estas no pueden abstraerse de su condición corporal, la cual da testimonio de nuestra vulnerabilidad universal, de nuestra exposición a los otros y de nuestra dependencia respecto de la naturaleza y de los elementos.

La potencia de lo femenino, que implica asumir plenamente nuestra condición corporal y finita, y convertirla en una oportunidad, en el punto de partida de un proyecto político democrático y ecológico, es una potencialidad del ser humano que también concierne a los hombres. Está al alcance de todos y todas, aunque con frecuencia se vea sofocada. No se identifica con las luchas feministas, si bien mantiene un estrecho vínculo con la experiencia de las mujeres, con la paciencia y la determinación que han debido demostrar y deben seguir demostrando para existir como sujetos plenos y afrontar situaciones de dominación. Pues la elección a favor de la vida y de la libertad nace de vivencias que la ponen a prueba y la fortalecen. Es la perennidad de esta elección, y la capacidad que confiere para resistir la adversidad y adaptarse a las circunstancias más arduas, lo que denominamos potencia de lo femenino. Esta potencia —que, como veremos, solo se manifiesta cuando el ser humano alcanza un desarrollo moral y psíquico suficiente para liberarse del narcisismo— resulta necesaria para establecer vínculos saludables tanto en el plano individual como en el colectivo. Es la condición del amor, y también de la democracia.

Así, al entrelazar los hilos que vinculan la potencia de lo femenino con una democracia libre de sometimiento, me propongo mostrar a qué peligros estamos expuestos y con qué recursos contamos para prevenirlos, resistir las fuerzas que podrían conducirnos a la ruina y sostener un proyecto de sociedad ecológica y solidaria que resulte creíble.

LA DEMOCRACIA ASEDIADA

Mi persona no está hecha para compartir
el odio, sino el amor.

SÓFOCLES, *Antígona*

El avance de los partidos de extrema derecha en Europa
y en el mundo lleva a pensar que su victoria es inevitable. Su estilo agresivo, así como el contenido nacio-
nalista y xenófobo de sus programas, ya ha permeado
el espacio público, donde los ataques personales sustituyen a los argumentos y las cuestiones vinculadas con
la obsesión por la seguridad o la preferencia nacional
se banalizan. Los partidos tradicionales, desconcerta-
dos ante los éxitos reales o anunciados de la extrema
derecha, suelen tener dificultades para mantener su
relevancia. La mayoría reacciona despreciando a los
votantes que han respaldado a la extrema derecha.
Otros optan por una suerte de escalada, formulando
promesas irreales destinadas a calmar la ira social.
Ambos casos contribuyen a acentuar la polarización
social y a reforzar el discurso populista, que enfrenta
a las élites y al pueblo, a los partidos del *establishment*
o el «sistema» y a los «auténticos representantes» de la

nación, a las élites globalizadas y urbanas y a las clases populares periféricas, a los de cualquier parte y a los de alguna parte.[1]

Todo ocurre como si la extrema derecha fijara las reglas del juego. Quienes rechazan votar a sus representantes y a las formaciones políticas susceptibles de aliarse con ella dudan de que sus votos sean suficientes para revertir el rumbo de una sociedad que, con el tiempo, podría llevar a la elección de un líder de extrema derecha al frente del Estado. De este modo, la extrema derecha forma parte de las distintas corrientes que configuran el espíritu de la época. Sin embargo, a diferencia de otros movimientos, en particular de aquellos que podrían acompañar una edad de lo viviente,[2] ha logrado estructurarse, diseminar sus grupúsculos para infiltrarse en las instituciones y ganar adeptos mediante una estrategia de comunicación. En Europa, personas a

1 Debemos esta expresión a David Goodhart, *Les deux clans, la nouvelle fracture mondiale*, París, Les Arènes, 2019 [original: *The Road to Somewhere: The Populist Revolt and the Future of Politics*, Londres, C. Hurst & Co., 2017].

2 En *Ecología como nueva Ilustración*, Barcelona, Herder, 2022, en *Ética de la consideración*, Barcelona, Herder, 2024 y en *Manifiesto animalista. Politizar la causa animal*, Barcelona, Reservoir Books, 2018, hablo de «la edad de lo viviente» para designar un movimiento filosófico, social y político cuyas principales manifestaciones son la preocupación por la ecología, la causa animal, el feminismo y la integración de la noción de vulnerabilidad en la ética y en la política. En estos trabajos se proponen algunas claves para acompañar de forma no dogmática este movimiento, que corresponde a una nueva Ilustración y que también suscita importantes resistencias o se enfrenta a fuerzas contrarias, del mismo modo que la Ilustración se enfrentó en su momento a la anti-Ilustración.

las que hace apenas unos años habría sido difícil atribuir opiniones xenófobas no dudan ahora en responsabilizar abiertamente a los extranjeros del deterioro de la calidad de vida. Gobernantes y gobernados se acostumbran a tolerar expresiones y actos que cuestionan el pluralismo sobre el que la democracia se sustenta.

Circula un rumor: los días de la democracia liberal estarían contados; solo un Estado fuerte y autoritario permitiría a la sociedad afrontar los desafíos de nuestro tiempo, ya se trate del calentamiento global, de las guerras y de las transformaciones geopolíticas o de las desigualdades generadas por un capitalismo salvaje que las vías democráticas no han logrado contener. Las diferencias entre la democracia y los regímenes autoritarios, que la extrema derecha se esfuerza por minimizar, tienden a diluirse. La idea de que entre un gobierno de extrema derecha y el resto *únicamente existe una diferencia de grado, y no de naturaleza,* se impone con mayor facilidad en la medida en que los partidos nacionalistas han emprendido, al menos en Europa, una auténtica campaña de normalización: sus líderes adoptan la apariencia de políticos convencionales y alternan un discurso protector con declaraciones que destilan un odio persistente hacia determinados grupos.

El paso del Estado de derecho al fascismo se percibe como una posibilidad real porque han cedido las barreras que, hasta ahora, protegían a la democracia de transformarse en su contrario. Los gobernantes dudan cada vez menos en imponer sus reformas por la fuerza y en restringir las libertades individuales. Por su parte, los gobernados, atrapados entre el miedo al futuro y la angustia ante el desclasamiento, se muestran cada vez más proclives a renunciar al pensamiento crítico a cambio de certezas inmediatas. Olvidan que un orden artificial solo puede sostenerse mediante un grado creciente de arbitrariedad y represión, y que, con el tiempo, esa misma lógica terminará volviéndose en su contra. Desconocida y denostada precisamente por aquello que constituye su valor —la aceptación de la indeterminación del sentido y la institución del bien común *a posteriori* mediante la confrontación de puntos de vista—, la democracia es hoy contemplada con desdén. No se acepta que se fundamente en mediaciones. Al confundirla con la expresión inmediata de la ira, se la invoca y se la rechaza según convenga.

Aunque existe un amplio consenso en torno a la necesidad de emprender profundas transformaciones económicas y políticas para frenar el desastre ecológico y social, reducir el endeudamiento y afrontar el desorden sistémico, los desacuerdos surgen en relación con los medios a emplear para alcanzar tales fines. Ante la ausencia de acuerdos entre los actores implicados, las soluciones eficaces y los resultados tangibles se hacen esperar, de forma que el malestar social se intensifica. Una parte de la población, que se siente excluida de estos debates y despreciada por los poderes establecidos, se inclina hacia los partidos de extrema derecha. Muchas de estas personas, que hasta ahora no los habían apoyado, han terminado cruzando ese umbral. Cada vez son más quienes siguen a un hombre o a una mujer que parece comprender su situación y depositan su confianza en un liderazgo que, a sus ojos, es capaz de reconducir el rumbo del país y les devuelve la sensación de que son importantes.

El propósito de esta obra es identificar los invariantes del discurso y de la estrategia de la extrema derecha. Aunque adopta formas diversas según las épocas y los países, recurre sistemáticamente a ciertos procedimientos comunes e instala siempre el mismo clima en la sociedad. Más allá de este análisis, que pretende ofrecer referencias útiles para orientar las decisiones ciudadanas, me interesa especialmente poner de relieve la trama que se teje entre los populistas de derecha y una parte de la población. Comprender este vínculo exige adentrarse en el psiquismo humano, examinando los resortes de un tipo de dominación ante el cual nos encontramos hoy particularmente expuestos.

Me propongo asimismo refutar los argumentos de quienes, al presentar como inevitable la victoria de la extrema derecha, anuncian la muerte programada de la democracia y alegan su incapacidad para afrontar los desafíos contemporáneos y resistir los ataques a los que se ve sometida. Los partidos tradicionales todavía conservan un margen de futuro, siempre que asuman activamente su herencia progresista y humanista, redefiniéndola en lugar de presentarla de manera defensiva. También deben tomar conciencia de los factores que, en el seno de la sociedad contemporánea, alimentan un malestar del que se nutren los agitadores de extrema derecha. No se trata de relativizar los peligros que entrañan los gobiernos que han caído bajo su control. Sin embargo, estigmatizar a los ciudadanos que los respaldan, tratándolos como monstruos o como idiotas, resulta estéril y refuerza la retórica del «nosotros contra vosotros» o la división entre amigos y enemigos que el populismo ha extendido al conjunto de la vida política.

Mi hipótesis es que lo que está en juego entre determinada población y los partidos de extrema derecha se inscribe en una lógica de sometimiento.[3] Este va más allá de la sumisión a un líder o del autoritarismo. El término francés *emprise*, que procede del latín *imprehendere* y designa tanto el hecho de ser aprisionado como el acto de apresar o aprisionar a otro, proviene del psicoanálisis. Freud denomina *Bemächtigung* a este proceso de dominación que consiste en apoderarse del otro, dejar en él nuestra huella y neutralizarlo para convertirlo en propiedad. El otro se transforma así en un objeto que sirve para afirmar nuestro poder y para apaciguarnos respecto a nosotros mismos: la ilusión de omnipotencia que su sumisión nos brinda permite disipar el propio sentimiento de impotencia y vulnerabilidad. Freud vincula el sometimiento a la pulsión de muerte, y veremos que, tanto en su origen como en su despliegue, el sometimiento tiene un carácter mortífero. Su ámbito privilegiado es la pareja o la familia, pero la relación que se establece entre un líder populista de extrema derecha y determinada población también se fundamenta en un abuso de confianza y participa de la lógica del sometimiento.

3 A lo largo del texto se ha optado por traducir el término francés *emprise* por «sometimiento», al considerar que recoge la dualidad freudiana de la potencia del que ejerce la apropiación y la dependencia del sujeto apropiado. *(N. de la T.)*

Este tipo de dependencia debilita a la víctima. Se trata de una distorsión del vínculo, dado que la destrucción psíquica y la violencia que sufre el sujeto sin ser plenamente consciente de ello, al menos en un primer momento, constituyen el desenlace de una relación que inicialmente se presentaba bajo los mejores auspicios. El sujeto siente, al comienzo, que ha encontrado a alguien que lo valora y puede aportarle seguridad y bienestar. Seducido y convencido de que esa relación satisface sus necesidades, va perdiendo poco a poco su capacidad de juicio y todo vínculo objetivo con la realidad. A medida que cae bajo el poder de un ser que lo controla, lo aísla, lo hace dudar de todo y de todos, lo halaga y lo humilla, que alterna grandes promesas con amenazas y lo somete a mandatos contradictorios, el sujeto se vuelve cada vez más ansioso y paranoico. Acaba actuando contra sus propios intereses, reniega de sus ideales y de sus amistades. Cree decidir por sí mismo, oscila entre el desánimo y la omnipotencia, pero en realidad destruye progresivamente todo lo que había construido.

Entre la víctima y el verdugo existe un beso de la muerte: la fisura de uno —su necesidad de reconocimiento y de amor, su sentimiento de falta de atención— es explotada por el otro. Este último también está acomplejado, pues no puede obtener reconocimiento ni por sus logros ni por medio de acciones constructivas. Aunque es consciente de ello, su necesidad de admiración es insaciable y su sed de poder, ilimitada. Todos los medios le resultan legítimos para alcanzar sus fines, incluidas la mentira, la calumnia, la ilegalidad, la intimidación y la violencia, ya sea verbal, psíquica o física. Solo puede existir aplastando a su víctima. Su yo, cuando se le confían responsabilidades, se enciende y se vuelve tiránico.

Llevar al otro a pensar y actuar según su deseo, derribarlo mientras le hace creer que participa en una empresa capaz de cambiar el mundo: esta es la estrategia del individuo dominador y narcisista.[4] Este experimenta un sentimiento de ilegitimidad que reprime a través de la manipulación, la dominación y la conquista del poder. Se presenta como un ser excepcional, con derecho a apropiarse de lo ajeno para beneficiarse de las múltiples ventajas asociadas al prestigio y a la riqueza. Para consolidar sus logros y conservar su poder, aparta u hostiga a las personas lúcidas y competentes que podrían hacerle sombra o interponerse en su camino. Todo es artificio, pero la seducción opera y el envenenamiento simbólico, basado en la explotación de la vulnerabilidad social, emocional y psíquica

4 La noción de narcisismo utilizada aquí es la formulada por Sigmund Freud en *Introducción del narcisismo*, en *Obras completas*, t. XIV, Buenos Aires, Amorrortu, 1984, p. 65. El desarrollo de un sujeto implica una disminución del narcisismo en favor del establecimiento de relaciones objetales. Este tránsito, que va del estadio narcisista (y egocéntrico) del yo hacia una fase en la que este se vincula con objetos externos, corresponde al paso del «narcisismo primario» al «narcisismo secundario»: la fuerza libidinal del narcisismo primario, dirigida exclusivamente al yo, es sustituida por una libido orientada hacia los objetos o las personas deseadas por ese yo. El fracaso de este proceso de desplazamiento puede desembocar en trastornos psicóticos, como la esquizofrenia, la parafrenia o la paranoia, mientras que la relación del yo con los objetos, propia del narcisismo secundario, da lugar a trastornos neuróticos.

de la víctima, es tal que, aun cuando se le niegan sus necesidades fundamentales, esta permanece atrapada en las redes de una relación tóxica. Así, confundiendo el aprisionamiento con el amor y la protección, acaba rindiendo pleitesía a un tirano.

Una persona en situación de sometimiento ha podido ser manipulada de ese modo porque albergaba una herida que un individuo dominante y narcisista supo detectar y explotar. Esa herida narcisista explica que ella, a su vez, pueda volverse violenta. Un sujeto culto y competente, pero que no percibe o no acepta sus propias fragilidades y fisuras, puede quedar atrapado bajo el influjo del sometimiento de una personalidad manipuladora. Del mismo modo, en un contexto económico y social marcado por la ansiedad, los ciudadanos pueden seguir a populistas de extrema derecha que no solo serán incapaces de ofrecer soluciones reales, sino que agravarán la situación, arruinando el país y conduciéndolo a conflictos interminables.

Es posible protegerse de este tipo de peligro, y el conocimiento de ciertos mecanismos puede contribuir a ello. No obstante, es importante reconocer que las personas bajo sometimiento pierden su capacidad de juicio y su sentido de la realidad hasta tal punto que resulta imposible hacerlas entrar en razón. Esto implica que, en el ámbito que aquí nos concierne, durante los debates políticos, los partidos tradicionales y todos aquellos que argumentan apelando a la razón, la ciencia y los hechos no compiten en condiciones de igualdad frente a los populistas de extrema derecha, que distorsionan la realidad, manipulan la cultura y las referencias históricas, desconciertan a sus adversarios y triunfan no a pesar de su irracionalidad, sino precisamente gracias a ella.

La práctica de los líderes de extrema derecha consiste en una suerte de «psicoanálisis al revés».[5] En lugar de diagnosticar las causas de los problemas para intentar resolverlos, aquellos a quienes Leo Löwenthal y Norbert Guterman denominaron «profetas del engaño» alimentan el descontento generalizado aprovechando cualquier pretexto para luego cristalizarlo mediante culpables.[6] Sin formular propuestas orientadas a transformar específicamente las estructuras económicas y sociales, formulan quejas que remiten siempre a nuevas quejas. Al fomentar la victimización e inducir a los ciudadanos a percibirse como excluidos del bienestar y privados de su parte del pastel, de la que, en cambio, sí que gozan los «privilegiados», suscitan la envidia, el odio y la paranoia. El agitador de extrema derecha recuerda constantemente a la población sus frustraciones y le promete que «todo cambiará», que pronto quienes le usurpan su lugar al sol rendirán cuentas: pagarán, ¡y el daño infligido al pueblo y a los verdaderos hijos de la nación será reparado!

El malestar que explotan los movimientos de la extrema derecha es hoy compartido por amplios secto-

5 H. Dubiel, *Leo Löwenthal. Una conversación autobiográfica*, Valencia, Institució Alfons el Magnànim-Centre Valencià d'Estudis i d'Investigació, 1993, p. 142.

6 L. Löwenthal y N. Guterman, *Profetas del engaño. Un estudio de las técnicas del agitador estadounidense*, Buenos Aires, Las Cuarenta, 2024, pp. 29, 41, 50.

res de la población que se perciben a sí mismos como desclasados y experimentan una falta de consideración. Quienes votan a la extrema derecha expresan su descontento acusando a los partidos tradicionales y a las élites de estar desconectados de la realidad y de carecer de empatía. Sin embargo, resulta necesario ir más allá de las palabras que evidencian este malestar y analizar su significado para alcanzar las raíces de un problema más profundo que alude a la subjetividad del ser humano contemporáneo. En este sentido, veremos que el diagnóstico elaborado por los fundadores de la Escuela de Frankfurt[7] sobre las causas objetivas del malestar social y la desubjetivación provocada por la modernidad y el capitalismo conserva aún buena parte de su vigencia. Asimismo, el desfase entre el rendimiento técnico alcanzado por la humanidad y su nivel de desarrollo emocional y afectivo reviste una importancia decisiva.

Un cierto vacío moral, fruto de la pérdida de los referentes tradicionales y de la capacidad, propiciada por las tecnologías, de realizar hazañas colosales

7 Theodor W. Adorno y Max Horkheimer, pero también Leo Löwenthal y Erich Fromm. La Escuela de Frankfurt es el nombre que recibe la tradición intelectual surgida en el Instituto de Investigación Social (Institut für Sozialforschung), fundado el año 1923 en Frankfurt. Reuniendo a filósofos, sociólogos, psicoanalistas, economistas y teóricos de la cultura, la Teoría crítica —de la cual Jürgen Habermas, Axel Honneth y Hartmut Rosa representan respectivamente la segunda, tercera y cuarta generaciones— tiene como objetivo analizar los fenómenos de alienación generados por la modernidad y el capitalismo tardío. Para ello recurre a las ciencias sociales y las humanidades, con la intención de liberar a los individuos de las estructuras sociales y los supuestos que los oprimen.

de forma instantánea, como si el mundo se plegara a nuestros deseos, genera un sentimiento de omnipotencia y exacerba el narcisismo, tanto en el plano individual como en el colectivo. Esta situación entraña riesgos de deriva patológica que resultan perjudiciales para la vida social y política, y que comprometen el amor, la cooperación y la paz.[8] Esta configuración de la subjetividad, sumada a las condiciones laborales contemporáneas y a un contexto económico, social, político y geopolítico difícil y angustiante, explica la erosión de la democracia y alimenta el nacionalismo, expresión de un narcisismo colectivo que se manifiesta como una locura compartida.

El antídoto a este mal, cuyas raíces se hunden tanto en las estructuras sociales como en la dificultad humana para ampliar su punto de vista, es la consideración: supone reconocerse como un ser vulnerable y mortal a la vez que conduce a sentirse vinculado a los demás y al mundo común. Un proyecto humanista y ecológico, que prolongara la obra y el espíritu de la Ilustración al tiempo que corrigiera su antropocentrismo y su falso universalismo, podría responder a las aspiraciones profundas de los seres humanos y ofrecerles perspectivas de futuro. Sin embargo, una iniciativa de este tipo solo puede prosperar si atiende también la necesidad de pertenencia y de convivialidad, que a menudo ha sido desatendida por los proyectos emancipadores, los cuales insisten en la ruptura con las tradiciones sin compensar

8 E. Fromm, *El corazón del hombre*, Ciudad de México, FCE, 1966, pp. 103-104.

su crítica o deconstrucción del pasado mediante propuestas capaces de reunir a todos los ciudadanos y de devolverles la confianza en sí mismos y en el porvenir.

La investigación sobre los resortes psíquicos, afectivos y sociales que favorecen el sometimiento nos lleva a reflexionar sobre aquello que, durante mucho tiempo y en distintos países, mantuvo alejadas del poder a las figuras autoritarias. Porque ya hubo populistas de derechas y contaron con numerosos seguidores. Basta pensar en Henry Ford, Huey Pierce Long, Joseph McCarthy, George Wallace y Charles Lindbergh, por citar solo algunos. Sin embargo, como muestran Steven Levitsky y Daniel Ziblatt en el caso de Estados Unidos, los partidos políticos hasta finales de la década de 1980 «filtraban a los candidatos», excluyendo sistemáticamente del poder a los autócratas: estos no podían presentarse a las elecciones ni convertirse en líderes de partido, sino que seguían siendo *outsiders*.[9] En esta misma línea, cuando Sebastian Haffner escribe que la resignación, la ausencia de reacción colectiva del pueblo alemán, su fatiga y su pérdida de fe en la humanidad hicieron posible que tantas personas siguieran a Hitler, añade de inmediato que fueron primero los partidos tradicionales quienes, al capitular y renunciar a su papel de guardianes de la

---

9 S. Levitsky y D. Ziblatt, *Cómo mueren las democracias*, Barcelona, Ariel, 2018, pp. 45-66. En la página 51, los autores muestran que la salvaguarda de las instituciones *(gatekeeping)* se remonta al nacimiento de la república estadounidense y que la cuestión de la selección de los candidatos era una preocupación central para los padres fundadores de Estados Unidos.

democracia, le permitieron acceder a plenos poderes.[10]
Es por esta razón que el filtrado y la selección de los
candidatos a cargos de responsabilidad política resultan
esenciales para el buen funcionamiento de la democracia. Corresponde a los partidos políticos, pero también
a las élites y a los medios de comunicación, contribuir a
este filtrado, en lugar de legitimar a los autócratas
mediante alianzas o dándoles visibilidad permanente,
como sucede hoy en día.

Las instituciones deben funcionar como guardarraíles,[11] impidiendo que los políticos asuman riesgos imprudentes que pongan en peligro la democracia y seleccionando candidatos capaces de gobernar,
es decir, de tomar decisiones justas en el marco de la
deliberación democrática. Las normas de benevolen-
cia mutua, de reciprocidad y de contención,[12] que los
líderes de extrema derecha, y los populistas en general,

10 S. Haffner, *Historia de un alemán. Memorias 1914-1933*, Barcelona, Destino, 2021, pp. 138-142, 199. La misma idea es desarro-
llada por Steven Levitsky y Daniel Ziblatt con respecto al conjunto
de demagogos extremistas. Véase *Cómo mueren las democracias, op. cit.*,
pp. 15-19. En la página 30, los autores recuerdan que, antes de que
los partidos nazi y fascista tomaran el poder, menos del 2% de la
población estaba afiliada a partidos: «mayorías electorales sólidas se
opusieron a Hitler y Mussolini antes de que ambos hombres llegaran
al poder con el apoyo de dirigentes políticos de dentro del sistema
ciegos al peligro que entrañaban sus propias ambiciones», inherente
a ese «pacto con el diablo» que sellaron para satisfacer sus propias
ambiciones.

11 S. Levitsky y D. Ziblatt, *Cómo mueren las democracias, op. cit.* El
término inglés *guardrails* se traduce por «guardarraíles».

12 *Ibid.*, cap. 5. Los autores hablan de *forbearance*, traducido por
«contención».

pisotean tanto en los parlamentos como en el ejercicio del poder, son esenciales en democracia, ya que esta requiere la institución progresiva del bien común y la canalización del conflicto. Sin embargo, a menudo se olvida que los responsables políticos deben poseer ciertos rasgos de carácter para respetar principios democráticos como la separación de poderes, el pluralismo, la transparencia en la toma de decisiones y la tolerancia. La competencia técnica, la cultura, la elocuencia o la popularidad no bastan para prevenir las derivas políticas. Por eso es necesario contar con criterios que permitan detectar las personalidades autoritarias antes de las elecciones. Ha llegado el momento de romper un tabú: debemos dejar de cerrar los ojos ante las patologías de la dominación que afectan a ciertos individuos y dejar de confiarles responsabilidades si queremos evitar que envenenen las instituciones y destruyan el país.

Al mostrar el vínculo que une, en el fenómeno del sometimiento, la perversión con la violencia o el odio hacia el otro, trataremos de precisar qué distingue a los movimientos de extrema derecha de los populismos de izquierda. Estos últimos pueden ser intolerantes, pero suelen ser menos proclives a la xenofobia y, sobre todo, se remiten a una ideología o conceden un papel central a las ideas. En cambio, el fascismo, que constituye una reacción a un sentimiento de impotencia no asumido y una respuesta irracional a la frustración, se nutre del odio. Su corpus ideológico es más difuso y, cuando existe, refleja principalmente la necesidad de hacer que otros paguen por la incapacidad de gestionar los conflictos internos, así como de hacer el duelo de la omnipotencia y de una grandeza fantaseada.

La democracia, al ser simultáneamente un régimen político y una forma de vida, es exigente tanto en las prácticas como en la cultura política, ya que se funda en la distinción entre poder y dominación. Para sostenerse requiere preservar el deseo de convivir y de establecer conjuntamente las normas que rigen la vida colectiva. Además, el poder se basa en la capacidad y la potencia de actuar (*Macht, machen*, hacer, *potentia*, potencia), pero entra siempre en tensión con las estructuras jerárquicas del poder que generan dominación *(Herrschaft, potestas)* y tienden a cubrir o confiscar esa capacidad o fuerza instituyente. Cuidar de la democracia supone reconocer esta dialéctica entre poder y dominación que constituye la paradoja política.[13] Una vigilancia constante por parte de la ciudadanía a la vez que mediaciones que contribuyan a desconcentrar el poder y a fluidificar las relaciones entre lo local y lo nacional, lo horizontal y lo vertical, son indispensables. Sin dichas mediaciones, la vida política oscila incesantemente entre obediencia y protesta, indiferencia e ira, y, en ausencia de una verdadera confrontación de puntos de vista, de diálogo y de negociación, las reglas tienden a establecerse como reacción a los sucesos o a los movimientos sociales, cuando no es el puro arbitrio el que se impone.

El proceso democrático requiere que los ciudadanos alcancen un grado suficiente de conciencia y

13 P. Ricœur, «La paradoja política», en *Historia y verdad*, Madrid, Encuentro, 1990, pp. 229-250.

madurez que les permita evitar las trampas del sometimiento y afrontar la incertidumbre y las dificultades del presente sin refugiarse en discursos simplificadores, sino reconociendo la pertinencia de normas y compromisos que instituyen el bien común. Esto resulta aún más crucial ante un panorama ecológico y también geopolítico que hace temer lo peor. Asimismo, los problemas económicos, el aumento de las desigualdades, la degradación medioambiental, la violencia y la pérdida de referentes de un número considerable de personas que ya no saben a qué ni a quién aferrarse tienen su origen en un modelo de desarrollo aberrante, injusto y destructivo para el planeta, la humanidad y los demás vivientes. Sin embargo, para que un proyecto político emancipador logre hacerse oír en un contexto en el que muchos individuos se sienten excluidos y encuentran consuelo en discursos que les proporcionan un sentimiento de pertenencia a un grupo para compensar su sentimiento de desamparo, es fundamental combatir la disgregación social. Es preciso tejer vínculos sociales que no se funden en tensiones identitarias ni en el resentimiento surgido de experiencias humillantes. Sin ellos no hay voluntad de convivencia y, por tanto, no hay democracia. Solo mediante la convivialidad —es decir, compartir riquezas y experiencias— y la instauración de un clima de confianza, que pasa también por sostener la autoestima de cada persona y responder a su necesidad de verdad, un proyecto humanista y ecológico podrá recuperar su credibilidad ante la población. Este es el desafío de una política de la consideración: reemplazar el «Esquema de la dominación»[14] por el amor al mundo y por una apuesta en favor de la libertad y de la vida, que encuentra su expresión en la potencia de lo femenino. Pero para que dicha potencia pueda despertar, irradiar su energía e impregnar el espíritu del tiempo, es necesario comprender que el mayor obstáculo para una democracia saludable, como también para un amor genuino, reside en los propios hombres y las propias mujeres: en su sentimiento de inseguridad y en sus heridas, en sus dificultades para confrontar los miedos y los conflictos internos. Son esas fisuras las que los hacen vulnerables al asalto de depredadores que adoptan el rostro de líderes protectores y de amantes.

14 En *Ecología como nueva Ilustración*, el «Esquema» designa el principio organizador de una sociedad que articula las representaciones, las valoraciones, los afectos y las formas de comportamiento, tanto individuales como colectivos. Un esquema está compuesto por representaciones conscientes e inconscientes que orientan nuestras elecciones económicas, sociales, políticas y tecnológicas. Asimismo, impregna nuestro psiquismo y configura nuestra relación con el mundo, la naturaleza, los demás, el cuerpo, el trabajo y la política. El Esquema que rige nuestra sociedad es el de la dominación, que afecta tanto nuestras relaciones con los otros como con la naturaleza exterior y nuestra propia naturaleza. Esto implica que la represión de nuestra vulnerabilidad y de nuestra condición mortal, así como el desprecio por nuestra corporalidad, está en el origen de una relación depredadora con la naturaleza, de la cosificación de los vivientes y de la violencia ejercida contra aquellos a quienes reducimos a su cuerpo.

UN PSICOANÁLISIS AL REVÉS

Yo caracterizaría el núcleo de la técnica de
agitación así: pone al revés al psicoanálisis
[...]. Se hace a los hombres neuróticos, psicóticos y, al final, dependientes de sus denomi-
nados caudillos.

LEO LÖWENTHAL, *Una conversación autobiográfica*

Los líderes de extrema derecha explotan las frustraciones y la ira de los ciudadanos desviando la energía
social hacia sujetos que presentan como responsables de
todos los problemas, entre ellos los extranjeros. Perte-
necen a la categoría de agitadores de la que hablan Leo
Löwenthal y Norbert Guterman en *Profetas del engaño*.

Estos autores, al analizar la estrategia y los discursos de figuras antisemitas activas en Estados Unidos
durante la década de 1940, prestaron especial atención
a los efectos que sus palabras y actitudes generaban en
el público, incluso en el nivel inconsciente. Este enfoque es aplicable a todos los líderes de extrema derecha, también a aquellos que hacen todo lo posible para
presentarse bajo una luz honorable con el fin de ganar

más electores, como ocurre hoy en Francia. En lugar de explicar los problemas a partir de causas objetivas vinculadas a transformaciones industriales, tecnológicas y económicas, los agitadores avivan la rabia. Empujan a los individuos a hurgar en sus heridas en lugar de ofrecer remedios que las curen y alivien de forma duradera el malestar que padecen.[1] Mientras que el reformador social e incluso el revolucionario evalúan la situación y presentan un programa político que implica reestructuraciones, los profetas del engaño desvían la atención de las raíces del descontento y de su remedio. Agravando el malestar y haciendo que las frustraciones se vuelvan intolerables, señalan a continuación objetivos sobre los que los individuos pueden descargar su ira.

La estrategia de los populistas de extrema derecha prescinde de toda investigación social y se sitúa, asimismo, en las antípodas del trabajo psicoanalítico. Este último consiste en poner palabras a los males que sufrimos, pero que no conseguimos identificar, y cuyas causas se nos escapan. Por el contrario, los líderes de extrema derecha practican un psicoanálisis al revés que resulta tanto más eficaz cuanto más generalizado y

---

1 L. Löwenthal y N. Guterman, *Profetas del engaño*, *op. cit.*, pp. 40-41: «El malestar puede compararse con una enfermedad de la piel. El paciente que sufre una enfermedad de este tipo tiene la necesidad instintiva de rascarse la piel. Si sigue las órdenes de un médico competente, se abstendrá de rascarse y buscará una cura para la causa de su picor. Pero si sucumbe a su reacción irreflexiva, se rascará con mayor vigor. Este ejercicio irracional de autoviolencia le proporcionará cierto alivio, pero al mismo tiempo aumentará su necesidad de rascarse y no curará en absoluto su enfermedad. El agitador dice: siga rascándose».

difuso es el malestar social. Este malestar, que impregna la vida moderna y se experimenta como una condición psíquica interna, «solo puede explicarse por el proceso social en su totalidad [...]. Aquí el agitador tiene en cuenta lo que podría parecer su mayor desventaja: su incapacidad para relacionar el descontento con una base causal evidente».[2] El agitador, sin buscar resolver un problema concreto o localizado, y expresando él mismo indirectamente el malestar, da la impresión de querer curar a la sociedad en su conjunto tratando el mal de raíz, mientras que las demás formaciones políticas solo atacarían sus síntomas.

Como otros representantes de la primera generación de la Teoría crítica, Leo Löwenthal y Norbert Guterman recurren a herramientas de análisis provenientes tanto del marxismo como del psicoanálisis. Otorgan una importancia particular al fenómeno de desubjetivación característico de las sociedades capitalistas y que explica la vulnerabilidad de los individuos frente a las soluciones autoritarias del poder. Es precisamente esto lo que expresa su noción de malestar social, que articula la reflexión sobre los procesos objetivos y socioeconómicos propios de las sociedades contemporáneas con el análisis de la vivencia psíquica de las personas.

En efecto, las transformaciones estructurales de la vida económica y social imponen una presión considerable sobre los individuos, ya sea por la sustitución de pequeñas empresas por grandes conglomerados, por el

2 *Ibid.*, p. 41.

declive de la familia tradicional, por la desintegración de los lazos intersubjetivos en un mundo tecnificado o por la atomización y la cultura de masas. Las personas se sienten impotentes e inseguras: experimentan una especie de despersonalización que mina su autoestima y las priva de horizonte. El malestar generalizado refleja las tensiones a las que todas estas transformaciones sociales, económicas, tecnológicas y culturales someten a los ciudadanos, agravadas hoy por la amenaza climática y el riesgo de un conflicto atómico. Finalmente, cabe añadir que los medios de comunicación y las redes sociales difunden cada día una cantidad considerable de información, angustiante y contradictoria, que no siempre logramos procesar ni metabolizar en conocimiento.

El malestar social tiene múltiples causas objetivas cuyos efectos acumulados sumergen a los individuos en la percepción de una crisis permanente. No pueden identificar con precisión el origen de este malestar, que se asemeja a una dolencia crónica. Además, los grandes conglomerados y las multinacionales, al constituir monopolios y ejercer presión a través de *lobbies* sobre distintas instancias, debilitan la democracia liberal porque ponen en cuestión la libre competencia, la independencia de la justicia y la separación entre la esfera económica y la política. Al ser constantemente pisoteados, los valores y los principios democráticos como la igualdad, el respeto mutuo y la cooperación pierden su prestigio. Los ciudadanos, decepcionados y convencidos de que todo el mundo está corrompido, se vuelven cínicos. El malestar social se expresa entonces en un clima de desconfianza y sospecha. A su dependencia y a su sentimiento de impotencia y nulidad se suman el de traición, la convicción de estar excluidos, de no recibir su parte del pastel y de no ser nunca tenidos en cuenta.

La desilusión respecto de la vida política, la impresión de ser sistemáticamente estafados, porque «los políticos solo buscan su propio beneficio» y «nunca cumplen lo que prometen», y la angustia ante una catástrofe inminente constituyen el núcleo del malestar. Aunque este remite a una vivencia subjetiva del individuo, es amplificado por el agitador, que no genera el malestar, pero sí exacerba la angustia ciudadana. En lugar de alentar una elaboración reflexiva que podría llevarlos a identificar los distintos problemas y a discernir lo que convendría eliminar o reformar y lo que es esencial preservar y enriquecer, proclama que la situación es catastrófica y que la adhesión a su movimiento, seguida de la sumisión a su persona, son la única solución para salir del caos. Así es como los agitadores desvían la energía social, provocando respuestas patológicas o malsanas ante una necesidad legítima de seguridad. Los ciudadanos, tras quedar paralizados por la angustia ante la catástrofe y convencidos de que nada de lo existente en el sistema actual es válido, son infantilizados: esperando y temiendo lo peor al mismo tiempo, se hallan dispuestos a cualquier cosa con tal de aliviar su angustia y restaurar una autoestima minada por las condiciones de vida y trabajo, así como por el colapso de los referentes tradicionales, todo ello agravado por la amenaza climática y las crisis económicas y geopolíticas.

Los demás políticos también tienden a intensificar la angustia de los ciudadanos y a presentarse como salvadores o, al menos, como los únicos garantes de la estabilidad. Pero la especificidad —o más bien la ventaja— del dirigente de extrema derecha reside en su capacidad para generar cercanía con aquellos a quienes busca convertir en adeptos. Aspira a su adhesión afectiva y desvía su atención de un análisis objetivo de la situación hacia la designación de culpables o de «aprovechados» que se benefician del sistema. El agitador libera así los sentimientos reprimidos de los individuos, dirigiendo sus pulsiones destructivas hacia chivos expiatorios. Porque la violencia, el odio y el racismo son una forma de descargar sobre otros una angustia no asumida, al tiempo que permiten externalizar, a través de la agresión, una parte reprimida de uno mismo. Se trata efectivamente de un psicoanálisis al revés, pues, lejos de ayudar al individuo a liberarse de las emociones negativas e invasivas que están entrelazadas con deseos e inhibiciones inconscientes, el agitador se regocija en el malestar, lo disfruta, distorsiona, profundiza y exagera «hasta el punto de convertirlo en una relación casi paranoica con el mundo exterior».[3] En un primer momento, alivia a los individuos al fomentar el desahogo de su ira y la desinhibición, así como proponiendo una vía de descarga de sus penas: una presa que pueden cazar. La víctima, a la vez débil y poderosa, inocente y amenazante, se convierte en el enemigo a abatir, pues

3 L. Löwenthal y N. Guterman, *Profetas de engaño*, *op. cit.*, p. 42.

encarna el miedo al desclasamiento y a la destrucción, y les permite expulsarlos.

En lugar de garantizar a los individuos las bases sociales de la autoestima, como debería ocurrir en una sociedad democrática regida por el ideal de justicia y el principio de la igual dignidad de cada persona, los agitadores apuestan por el sentimiento de orgullo que aísla o divide.[4] En vez de un proyecto de sociedad destinado a garantizar condiciones de vida dignas y una mayor justicia social, exaltan el nacionalismo, que constituye una forma de narcisismo social.[5] Pues la voluntad de sentirse superiores a los demás y la necesidad de despreciarlos, incluso de erradicarlos, encubren el propio sentimiento de inseguridad y sirven para reprimir la impotencia y la vulnerabilidad proyectándolas sobre un otro al que se maltrata.

Al actuar de este modo, el agitador debilita la capacidad de juicio de los ciudadanos, que no solo pierden su reflexividad, sino también el sentido de lo real. Su habilidad para reconocer la complejidad de los fenómenos y confrontarse consigo mismos, para considerar sus propios límites y afrontar sus demonios, se ve completamente comprometida. En consecuencia, acaban

4 Sobre la oposición entre el orgullo, exaltado por los demagogos de extrema derecha cuyo discurso busca dividir a la sociedad, y la dignidad, que concierne a todos y todas, y es inseparable del ideal de justicia y de igualdad propio de las democracias, véase E. Temelkuran, *Juntos. Un manifiesto contra el mundo sin corazón*, Barcelona, Anagrama, 2022, p. 81.

5 S. Haffner, *Historia de un alemán. Memorias 1914-1933, op. cit.*, pp. 239-240.

cayendo en la dependencia de un jefe y están dispuestos a acatar sus órdenes, incluso cuando estas contradicen sus propios intereses.

Los individuos que se encuentran en una situación de precariedad económica y que sienten haber sido abandonados por el poder establecido y por las élites constituyen el destinatario privilegiado del discurso del agitador. No obstante, sería erróneo pensar que solo seduce a los pobres o a los marginados de la globalización. La diferencia entre los ciudadanos que lo apoyan y aquellos que no se resignan a verlo alcanzar el poder no se explica única ni principalmente por su posición social o nivel educativo. Porque el discurso del agitador, más allá de la superficie de las palabras, las arengas o los *tweets,* interpela los deseos inconscientes de las personas, sus pulsiones, sus miedos o sus vergüenzas reprimidas, e incluso su instinto de muerte: la propensión a transformar la anticipación de la catástrofe en expectativa de catástrofe y en deseo de destrucción.

Es ese código secreto de la agitación, transmitido en código Morse,[6] lo que hay que hacer accesible si se quiere comprender qué atrae a los individuos y los arrastra hacia la órbita de un autócrata de extrema derecha. No puede aprehenderse la fascinación casi hipnótica que este ejerce sobre su público con los métodos habituales de la investigación lógica. Hay que ir más allá de los temas abordados y del contenido manifiesto de sus discursos. En efecto, tomados al pie de la letra, sus mensajes parecen confusos; dan la impresión de ser

6 L. Löwenthal y N. Guterman, *Profetas del engaño, op. cit.*, p. 180.

«una mera indulgencia en furias fútiles sobre disturbios vagos».[7] Pero, si se analiza su contenido latente, es decir, el sentido que poseen en el plano psicológico, resultan «coherentes, significativos y significativamente relacionados con el mundo social».[8]

La argumentación resulta ineficaz para disipar la fascinación ejercida por los agitadores. La comparación entre sus programas, en los que explotan todo lo que tienen a su alcance, y los de los otros candidatos, así como los artículos de prensa que denuncian la incoherencia de su pensamiento, sus contradicciones e incluso su incompetencia, no logran mermar la seducción que ejercen sobre sus votantes. Los líderes de extrema derecha no necesitan ser experimentados ni cultivados. Cuando participan en debates televisados, descolocan a sus oponentes mediante silogismos.[9] Todas las normas

7 *Ibid.*

8 *Ibid.*

9 E. Temelkuran, *Cómo perder un país. Los siete pasos que van de la democracia a la dictadura*, Barcelona, Anagrama, 2019, pp. 55-58. La autora formula el silogismo de los populistas de extrema derecha, que trastoca la lógica y atenta contra el lenguaje. Esta etapa es la segunda que conduce a la pérdida de un país. Llega después de la creación de un movimiento y antes de la eliminación de la vergüenza en el mundo de la posverdad, el desmantelamiento de los mecanismos judiciales y políticos, el hecho de diseñar a sus propios ciudadanos, de dejarles reír ante el horror y de construir un nuevo país. Hay cinco argumentos falaces en este silogismo: *argumentum ad hominem*, que ataca a las personas en lugar de refutar el contenido del argumento; *argumentum ad ignorantiam*, es decir, la afirmación de que una proposición es verdadera porque no ha sido demostrada falsa; *argumentum ad populum* (una idea es verdadera porque muchas personas la creen); *reductio ad absurdum* (se demuestra la verdad de una proposición probando el absurdo de la proposición contraria); y razonamiento *ad hoc*,

del debate se desvanecen, y la autoridad o la legitimidad que confieren la experiencia, el conocimiento e incluso la elocuencia o el carisma se diluyen. Las virtudes de la prudencia, la moderación y el sentido de la justicia dejan de ser criterios que distingan a los candidatos y a las candidatas en unas elecciones. Tal como se observa en aquellos países donde un agitador de extrema derecha ha ascendido a los más altos cargos del Estado, su magnetismo aumenta en la medida en que se muestra más desinhibido —y, en ocasiones, obsceno— ante su audiencia. Su tono marcial es percibido por el público como una invitación a expresar su rabia y su odio, a proyectar su agresividad sobre los responsables de la «desgracia colectiva». Al incitar a su público a reprimir el sentimiento de impotencia y transformarlo en orgullo, el líder de extrema derecha nutre la ilusión de la grandeza nacional y arrastra a sus votantes a un delirio colectivo.

La diferencia entre quienes sucumben a la fascinación de los líderes de extrema derecha y quienes no reside, en parte, en la capacidad de estos últimos para detectar las estrategias de los agitadores, descifrar el sentido latente de sus discursos y percibir en ellos señales de alerta. También radica en su capacidad para transformar las emociones negativas y el malestar, adoptando cierta distancia con el fin de no adherirse a ellos ni entregarse ciegamente a la ilusión de que pueden ver

o el hecho de invocar una idea para impedir que sus opiniones sean criticadas (por ejemplo: «La democracia consiste en respetar las ideas, así que respeten las mías»).

el mundo sin filtros ni lentes distorsionadoras. Aquellos que no se dejan engañar por los discursos de los agitadores practican, sin saberlo, una suerte de fenomenología: no olvidan que son donadores de sentido, que interpretan los acontecimientos y perciben siempre las cosas a través de esquemas de lectura cuya existencia conviene reconocer. Dudan y se esfuerzan en remontarse desde sus juicios hasta los actos de conciencia que los sustentan, con el fin de ser más libres interiormente. Al no identificar con claridad la causa de su descontento, desconfían de quienes buscan encender su psique deformando su percepción de la realidad y empujándolos hacia la megalomanía y hacia una relación paranoica con el mundo.

Resulta cada vez más evidente que la democracia solo puede mantenerse y desarrollarse si los individuos alcanzan un nivel de madurez afectiva y mental que los libere del narcisismo individual y colectivo.[10] Como ya se ha señalado, el malestar social es difuso y la vivencia subjetiva que lo acompaña, en particular el sentimiento de impotencia y nulidad, está ampliamente extendida. A menudo se manifiesta a través de una queja que resuena en todos los entornos y que impregna todos los ámbitos de la vida. No solo es relativamente independiente de la posición social y del nivel cultural de los individuos, sino que, además, la necesidad de reconocimiento que expresa es imposible de satisfacer. A esa necesidad insaciable de reconocimiento se suma la certeza de no ser tenido en cuenta, es decir, de no

---

10 E. Fromm, *El corazón del hombre, op. cit.*, p. 103.

ser considerado en su singularidad, de no ser visto como alguien que cuenta y que tiene importancia. ¿Qué parte de ese deseo de ser considerado responde a una aspiración legítima y saludable del ser humano, que es un ser relacional y comienza su vida totalmente dependiente de otros, experimenta la *Hilflosigkeit*[11] y sabe también que su individualidad será destruida por la muerte? ¿En qué momento esta necesidad de reconocimiento y de seguridad se vuelve patológica?

Antes de abordar estas cuestiones, debemos intentar identificar los rasgos de carácter que permiten reconocer a los candidatos autócratas, es decir, a aquellos que, una vez elegidos, no dudarán en utilizar las instituciones para corromperlas e instalar, por vías democráticas, un régimen autoritario o neofascista. Steven Levitsky y Daniel Ziblatt, en *Cómo mueren las democracias*, identifican cuatro indicadores clave de un comportamiento autoritario.[12] Los votantes, al igual que los miembros de los distintos partidos, deben excluir a todo político que, de palabra o mediante acciones, rechace las reglas democráticas del juego, niegue la legitimidad de sus oponentes, tolere o aliente la violencia y manifieste su voluntad de restringir las libertades civiles de la oposición o de silenciar a los medios de comunicación.

El primer indicador concierne a las reglas democráticas del juego: un candidato que rechaza la Constitución, con la intención de violarla o porque consi-

11 Término significativo en Freud que puede traducirse como «sentimiento de estar desamparado, sin ayuda».

12 S. Levitsky y D. Ziblatt, *Cómo mueren las democracias, op. cit.*, pp. 31, 33-35.

dera necesario adoptar medidas antidemocráticas como la anulación de un escrutinio, no debe recibir ningún mandato, ni siquiera dirigir un partido. Del mismo modo, quien pretenda prohibir determinadas organizaciones o restringir los derechos civiles o políticos básicos debe ser excluido. La propuesta de recurrir a medidas extraconstitucionales, como el golpe militar, la insurrección o cualquier manifestación dirigida a forzar un cambio en el Gobierno, constituye igualmente una señal de alarma. Finalmente, quienes intentan socavar la legitimidad de las elecciones y rechazan el veredicto de las urnas no deben acceder a los más altos cargos del Estado. En general, la democracia no puede funcionar si no se aceptan sus reglas y no se adoptan ciertas disposiciones morales que condicionan su ejercicio efectivo, como el respeto recíproco, la tolerancia mutua, la contención y un mínimo de juego limpio.[13]

El segundo indicador tiene que ver con la negación de la legitimidad de los adversarios políticos. Sirve para bloquear a aquellos candidatos que califican a sus oponentes de subversivos y no dudan en presentarlos como amenazas para la seguridad nacional, o incluso como enemigos dispuestos a destruir los modos de vida del país. Un político que insinúa sin pruebas que sus rivales son delincuentes o criminales, o que los acusa de actuar como espías extranjeros, revela su verdadero rostro: el de un autócrata.

El tercer indicador, referido a la tolerancia o al fomento de la violencia, es una constante en los autó-

13 *Ibid.*, pp. 246 y ss.

cratas, ya tengan vínculos con bandas armadas, fuerzas paramilitares o milicias, o bien llamen públicamente a agredir física o verbalmente a sus adversarios. La mayoría de las veces, cuando los autócratas intentan acceder al poder, no aplauden los actos de violencia cometidos en su país, pero se niegan a condenarlos sin ambigüedad. También justifican la violencia política cometida en el pasado o en otros países, sugiriendo así que están del lado de los «hombres fuertes» que encabezan imperios o dictaduras.

Por último, la predisposición de un político a restringir las libertades civiles y a silenciar a los medios de comunicación resulta inaceptable. Los autócratas terminan siempre por amenazar a quienes cuestionan su poder. Para lograrlo, pueden empezar por ampliar el alcance de la difamación hasta prohibir toda manifestación u organización política que no los respalde. Las acciones judiciales emprendidas por un político contra miembros de partidos rivales, periodistas, intelectuales o asociaciones son sospechosas y sugieren que, una vez en el poder, silenciaría al más mínimo opositor, encarcelándolo o intimidándolo hasta que abandone sus funciones o se exilie.

Es difícil, en una democracia, disolver un partido político o impedir que un candidato se presente a unas elecciones. No obstante, existen mecanismos que durante mucho tiempo permitieron bloquear el acceso al poder a ciertas personalidades autoritarias, como recuerdan Daniel Ziblatt y Steven Levitsky, apoyándose en particular en la historia del Partido Republicano en Estados Unidos. Si la función de las formaciones políticas es filtrar a los candidatos, alejando del poder a las personalidades peligrosas y presentando a las elecciones a personas que poseen las competencias y las disposiciones morales necesarias para abordar los problemas complejos de nuestro tiempo y gobernar en democracia, hay que constatar que hoy han abandonado esa misión. Sin embargo, sería necesario que los partidos políticos se dotaran de los medios para cumplir esa función en lugar de limitarse a organizar elecciones primarias o a promover a las figuras más mediáticas, de las cuales, en realidad, sabemos poco, salvo lo que nos transmiten los gabinetes de comunicación y lo que se difunde por televisión.

Actualmente, la dinámica de una sociedad orientada hacia la inclusión y el llamamiento a reducir la distancia entre los cargos electos y los ciudadanos para resolver la crisis de representatividad atribuida en parte al reclutamiento de tecnócratas, así como el prestigio otorgado a personas adineradas o que han adquirido gran notoriedad a través de los medios de comunicación de masas, pueden propiciar la llegada de individuos incompetentes y sin escrúpulos al frente de partidos importantes o incluso del Estado. De ahí que sea necesario encontrar mecanismos que impidan un acceso repentino al poder por parte de personas que expondrían a la nación a riesgos imprudentes e implantarían un régimen autoritario o una dictadura.

Es preciso reflexionar sobre lo que puede actuar como guardarraíl de la democracia sin por ello avalar la expertocracia ni el elitismo. No obstante, los auténticos guardianes de la democracia son los ciudadanos y las ciudadanas. No solo deben ser capaces de identificar a los autócratas, sino también de aprender a protegerse frente a la intoxicación de la democracia producida por agitadores que se aprovechan de sus heridas narcisistas para someterlos y colmarlos de odio. Ahora bien, los indicadores propuestos por Daniel Ziblatt y Steven Levitsky para detectar a los autócratas no abarcan esta dimensión. Además, debe comprenderse que el éxito de la extrema derecha no depende exclusivamente de la existencia de un líder que concentre ciertos rasgos, como se suele pensar al insistir en el carisma sin tener en cuenta que el carisma es una relación. Porque la sumisión a un autócrata se inscribe en un marco social que permite comprender por qué un individuo posee ciertos rasgos considerados carismáticos y por qué la población le obedece.[14] En última instancia, el vínculo que se establece entre los ciudadanos y los dirigentes de extrema derecha excede la mera necesidad de una figura de autoridad que dicte las normas e invoque la urgencia de tomar medidas radicales o de hacer la revolución: se trata, como veremos, de una relación de dependencia que va más allá de la fascinación por un autócrata, pues la soldadura narcisista entre determinada población y los representantes de la extrema derecha se nutre del odio y lo propaga por todas partes. Este aspecto distingue a la extrema derecha del resto de partidos, incluso de aquellos que contienen elementos autoritarios que suponen una amenaza para la democracia.

14 M. Weber, *Sociología del poder. Los tipos de poder legítimo*, Madrid, Alianza, 2023.

Si bien todo fascista es un autócrata, no todo autócrata es necesariamente fascista. Se puede reprochar a los autócratas de izquierda su intolerancia, pero su entrega a la justicia —que puede cegarlos respecto a los medios que emplean y llevarlos a creerse los únicos representantes auténticos del pueblo— no es cuestionable. Puede que sean megalómanos y narcisistas, pero en la extrema izquierda no se da esa forma de perversión basada en el odio al otro y en el racismo. Lo cierto es que la adhesión a una ideología totalitaria y la fascinación por un autócrata a menudo surgen cuando se atraviesa un callejón biográfico sin salida y como respuesta al hundimiento de los sueños y de los referentes políticos.[15] Existe, por tanto, un efecto espejo entre una parte de la población y un líder autocrático: una soldadura que se produce en un contexto social y económico determinado y que puede conducir a la instauración de un régimen autoritario o incluso totalitario. Pero con la extrema derecha, que se dirige a las frustraciones individuales y las alimenta, en lugar de interrogar sus causas estructurales, nos enfrentamos a una relación de sometimiento que se basa en la perversión narcisista. Esta se manifiesta en los líderes que, una vez en el poder, siembran un clima de odio y fomentan el estallido de violencia contra ciertos grupos. También se manifiesta en los ciudadanos que necesitan atacar a determinados individuos para volcar sobre ellos su miedo al desclasamiento y para liberar tanto la agresividad como la ira que les despierta su propio sentimiento de impotencia

15 J. Pagis, *Le prophète rouge*, París, La Découverte, 2024.

y nulidad. Aunque el autoritarismo represente siempre una amenaza contra la democracia y la libertad, es fundamental comprender la especificidad de la extrema derecha, que no impone un sistema de dominación de la misma forma que lo hacen las ideologías de extrema izquierda.

Me propongo describir el mecanismo de sometimiento que ejerce el agitador de extrema derecha sobre la población, analizando tanto las fragilidades psíquicas de las víctimas como las fisuras del verdugo, y esclareciendo la potencia de este vínculo nocivo, así como su dinámica destructiva, que la razón por sí sola no puede contrarrestar.

EL SOMETIMIENTO

Toda cicatriz narcisista se compensa con actos agresivos hacia los demás.

MAURICE MERLEAU-PONTY,
Psychologie et pédagogie de l'enfant

La represión, la deshumanización del adversario e incluso la xenofobia son rasgos propios de los regímenes totalitarios, incluidos aquellos que se sustentan en la ideología comunista. Sin embargo, los conceptos y el marco analítico desarrollados por la crítica al totalitarismo no bastan para comprender los movimientos de extrema derecha, que hoy en día no se imponen mediante las armas ni por medio de una revolución, sino degradando la democracia, socavando su espíritu y corrompiendo sus instituciones. Tampoco iluminan suficientemente el tipo de vínculo que existe entre una parte de la población y un líder de extrema derecha ni los mecanismos psíquicos que explican el poder que este llega a ejercer sobre ella.

La adhesión a la extrema derecha no se basa en una fascinación intelectual ni en un programa que detalle las acciones concretas que deberían emprenderse de inmediato para superar las múltiples crisis que atravesamos. Tampoco se origina en una identificación de los ciudadanos con sus intereses de clase ni en el sentimiento de que los movimientos de extrema derecha los representan mejor que otras fuerzas políticas. Estos elementos pueden influir en las motivaciones del voto, pero no constituyen su núcleo. Por esta razón, el programa económico y social de la extrema derecha puede adaptarse y proponer medidas contradictorias con el fin de ampliar su base electoral, sin que ello suscite cuestionamientos entre sus votantes.

Como señaló Adorno en 1950, tras realizar estudios empíricos sobre los factores que conducen a las personas hacia el fascismo y el antisemitismo, ciertos esquemas psíquicos, así como la vivencia de una extrañeza respecto a uno mismo y al mundo, resultan más determinantes que la pertenencia a una clase social o las dificultades económicas.[1] El entusiasmo por los movimientos antidemocráticos y fascistas está estrechamente vinculado a las mutilaciones personales de los individuos y a sus dificultades para construir sus propias experiencias. Hannah Arendt, por su parte, escribió que los individuos en las democracias de masas experimentan un sentimiento de soledad *(loneli-*

---

[1] T.W. Adorno, «Estudios sobre la personalidad autoritaria» (1950), en *Escritos sociológicos II* (vol. 1), Madrid, Akal, 2009, p. 153. El autor señala, en las páginas 314-323, que los individuos que obtienen una puntuación elevada en sus respuestas —es decir, que tienen una propensión al antisemitismo— son aquellos que tienden a pensar en términos de grupos sociales, y no de individuos, y caen fácilmente en el esencialismo.

ness) asociado a la sensación de su propia superfluidad: reducidos a meras fuerzas de producción y consumo anónimas y reemplazables, son purgados por una maquinaria gigantesca y despojados de todo vínculo espontáneo y creativo con el mundo común.[2] Así pueden dejarse seducir por los relatos que llenan su vacío moral y existencial, exaltando la grandeza nacional. Sin embargo, los rasgos de personalidad que predisponen a ciertos individuos a ser más receptivos a la ideología fascista no bastan para explicar la naturaleza de la relación que se establece entre una parte de la población y un líder de extrema derecha.

Decir que esta relación remite al sometimiento significa reconocer que estamos ante un vínculo perverso. No se trata solo de individuos cuya personalidad los predispone en determinadas coyunturas históricas a adherirse al fascismo ni de líderes carismáticos que lograrían someter a una población. El sometimiento es una relación malsana entre dos sujetos, o entre un líder y un grupo de individuos, que se atraen mutuamente y se magnetizan porque sufren del mismo mal. Ambos se necesitan, pero no para sanar su herida, sino para evitar sufrirla y ahorrarse un trabajo personal sobre sí mismos. En otras palabras, el sometimiento es una relación patológica entre dos seres unidos por una herida narcisista común, pero, mientras uno necesita agredir a los demás para afirmarse y escapar de la depresión o del colapso psíquico que le produciría enfrentarse a su

2 H. Arendt, «Totalitarismo», en *Los orígenes del totalitarismo*, Madrid, Alianza, 2006, pp. 581-582, 635-640.

propia fragilidad, el otro, que busca reconocimiento y cree haber encontrado el amor o el consuelo, queda imposibilitado para defenderse.[3] Esta soldadura narcisista es lo que otorga fuerza al vínculo: explica tanto la magnitud de la destrucción que sufrirá la víctima como su dificultad para salir de esa relación letal. El vínculo va más allá de la sumisión, pues uno de los dos está literalmente colonizado por el otro. El sometimiento opera, de hecho, mediante la identificación proyectiva: el yo de una persona es atacado por un individuo que introduce en su mente una parte de sí mismo para controlarla y reafirmarse a su costa, anestesiando así su herida narcisista. Impedirá que su víctima piense, volviéndola dependiente, desconectándola progresivamente de sí misma, y se sentirá tanto más poderoso cuanto más debilitada esté su presa.

El verdugo sufre de una patología del narcisismo que le impide aceptar sus propios límites, y es perverso[4] en el sentido de que necesita aplastar a los demás para liberar su propia angustia. Fue Paul-Claude Racamier quien, en 1986, introdujo la noción de «perversión narcisista» y la definió como «una forma organizada de defenderse de todos los dolores y contradicciones

---

3 A.L. Buffet, *L'emprise*, París, PUF, 2023.

4 Como recuerda Elsa Godart en *3 minutes pour comprendre 50 notions clés de la psychanalyse,* París, Le Courrier du Livre, 2023, p. 60, la palabra *perversión* proviene del latín *pervertere*, que significa «poner patas arriba» o también «desviar». La perversión, en Freud, que la analiza en primer lugar en el plano sexual, es ante todo un desvío del destino de la pulsión. En cuanto a la noción de «perversión narcisista», no está reconocida en la clasificación de los trastornos mentales.

internas, expulsándolos para que incuben en otros, sobrevalorándose a sí mismo, todo ello a expensas de los demás».[5] El narcisismo ciertamente conduce siempre a la dominación: un individuo fijado en el estadio del yo ideal no puede hacer el duelo de su omnipotencia y será siempre agresivo. En general, la noción de narcisismo permite esclarecer muchas patologías de la dominación. Sin embargo, no todas pueden asimilarse a la perversión narcisista, que se caracteriza por la necesidad de destruir el psiquismo ajeno para ocultar la propia insignificancia, y que conduce inevitablemente a la perversión de las instituciones, al aislamiento y luego a la ruina o al aniquilamiento de las víctimas.

La noción de perversión narcisista aporta algo de novedoso que permite delimitar la relación de sometimiento entre una parte de la población y un líder de extrema derecha, así como entender por qué esta relación conduce a la catástrofe. Aunque Racamier se centró principalmente en el ámbito del trabajo y de las relaciones privadas, sus análisis pueden trasladarse al terreno político. También nos ayudan a comprender por qué, hoy en día, el racismo y las ideas de extrema derecha —como la sumisión al orden, el esencialismo, el rechazo al feminismo, el conspiracionismo, el nacionalismo o el imaginario bélico— se propagan. Así pues, presentaré el retrato del perverso narcisista, proponiendo una suerte de tipo ideal que corresponde tanto a los manipuladores dentro de una pareja como

5 P.C. Racamier, *Les perversions narcissiques*, París, Payot, 2023, pp. 21-24, 30.

al líder de extrema derecha y a sus correas de transmisión, con el fin de poner de relieve su estrategia, que siempre es la misma, a la vez que los mecanismos propios del sometimiento.

El individuo capaz de colonizar la mente de otro es, ante todo, alguien que necesita dominar y humillar a los demás para existir, porque sin esa agresividad cae en la depresión y experimenta una sensación de vacío. Ver a otros someterse a su voluntad y sufrir le proporciona placer, pues así descarga su sentimiento de insignificancia y sus complejos, su falta de creatividad. Necesita prestigio y riqueza para combatir la depresión y ejerce el poder de forma tiránica, dado que no lo concibe como una responsabilidad, un mandato que le habría sido confiado para servir a la nación, sino como un medio para convencerse de su propia excepcionalidad. Toda su energía y sus recursos psíquicos están orientados a ese fin: encontrar el modo, sobrevalorándose y manipulando a los demás, de escapar del dolor de no ser más que sí mismo, es decir, un ser humano común y mortal, y no un dios viviente. Al hacer pagar a la sociedad su incapacidad para aceptar sus fisuras y al utilizar a los demás para liberar sus conflictos internos, establece primero un vínculo de intimidad con ellos buscando penetrar en su psique, invadirlos y someterlos. Sin embargo, para que este vínculo perverso exista, también debe haber un pánico al abandono y un miedo a la exclusión que vuelvan vulnerables a las víctimas frente a la intrusión. Como un depredador, el individuo manipulador identifica inmediatamente a los sujetos que, pese a su fragilidad, podrían servirle para refor-

zar la propia imagen. La herida del abandono, el sentimiento de exclusión o la impresión de no tener lugar
en la sociedad exponen al yo al ataque de individuos
que no son grandes visionarios ni revolucionarios con
ideas brillantes sobre el mundo y la justicia, sino seres
incompletos y que viven en la negación, cuyo talento
más destacado reside en su capacidad para manipular a
los demás.

Al controlar a otro, dominándolo física, psíquica,
económica y afectivamente, obligándolo a pensar, decir y hacer lo que él decide, llevándolo por medio de
la sugestión y la sumisión a renegar de sus valores, el
individuo tiránico se siente invulnerable y omnipo-
tente. Las personas que padecen este envenenamiento
psíquico son víctimas, y es su necesidad de seguridad y
de amor lo que las vuelve vulnerables ante tal ataque.
La relación de sometimiento constituye una respuesta
patológica a una necesidad legítima que no ha sido
atendida o que el individuo no ha logrado elaborar
porque ha buscado principalmente fuera de sí mismo
una forma de validación en lugar de aprender a convivir con sus fragilidades y transformar sus frustraciones
o su ira en un compromiso con la justicia y la solidaridad. Existe, en efecto, un dominador y un domi-
nado, pero la herida narcisista que los une es la misma
y, cuando se cubre, desemboca en agresividad. A fuerza
de manipulaciones, mentiras, falsedades, órdenes contradictorias, intimidaciones y recompensas, el sujeto
colonizado acaba convirtiéndose en un engranaje más
de un sistema de dominación. Entonces resulta indife-
rente que el núcleo perverso sea una pareja, un grupo

de personas que se ha apropiado de una institución para corromperla o un movimiento político que se infiltra en la sociedad con el objetivo de conquistar el poder. Los daños varían en escala o alcance, pero el procedimiento es el mismo.

Antes de describir las distintas etapas del sometimiento —la seducción, la dominación y el maltrato—, conviene insistir en que la extrema derecha desarrolla un pensamiento reaccionario que, en este sentido, se edifica sobre el vacío: sus obsesiones y su contenido doctrinal, que puede relacionarse con los anti-ilustrados,[6] son expresión de miedos, de iras, de odios y

---

6 En *Ecología como nueva Ilustración*, retomamos la distinción que establece Zeev Sternhell en *Les anti-Lumières. Une tradition du XVIII* *siècle à la Guerre froide* (París, Fayard, 2006) entre los ilustrados y los anti-ilustrados, que considera estructuras intelectuales asociadas a un proyecto político contrario. Sin que necesariamente suscribamos todas las tesis de Sternhell en torno a la genealogía intelectual de los anti-ilustrados, compartimos la idea de una oposición estructural que puede adoptar nuevas formas, pero que sigue basándose, aún hoy, en pares conceptuales: autonomía vs. heteronomía; fundación de un orden social y político sobre la igualdad en dignidad de todo ser humano vs. un orden social basado en jerarquías; laicidad vs. teocracia; unidad del género humano vs. racismo y afirmación de la superioridad de ciertos grupos; cosmopolitismo vs. nacionalismo; ideal de emancipación vs. elogio de las costumbres y los prejuicios; libertad de pensamiento, racionalismo y espíritu crítico vs. antiintelectualismo, incluso odio a la razón. Por último, los anti-ilustrados no tienen nada que ver con las críticas a los ilustrados surgidas del pensamiento posmoderno —como las de feministas y autores poscoloniales—, quienes han señalado el falso universalismo de los ilustrados y han mostrado que no cumplieron sus promesas, sin por ello cuestionar su proyecto igualitario, que aspiran a realizar superando sus prejuicios y puntos ciegos.

de rechazos. Incapaz de afirmar la unidad de la humanidad, así como la importancia de los vínculos y de la igualdad, no puede encarnar la posibilidad de emanciparse, de transformar las estructuras sociales, de educar a los seres humanos, de sostener —a pesar del mal y de la destructividad humana— que es posible crear un orden social que respete la dignidad de cada persona. En los movimientos fascistas, ese vacío o esa carencia de ser no es únicamente un punto de llegada, como sucede con el adoctrinamiento, sino que es también un punto de partida. La violencia hacia los demás sirve para enmascarar ese vacío, transformarlo en orgullo y en omnipotencia. Es esto lo que ejerce una atracción inconsciente sobre los ciudadanos. El fascismo se sustenta en una herida narcisista, en frustraciones y en el temor a ser invadido o desposeído, y es ese terror el que alimenta la xenofobia. No se trata de un sistema filosófico, sino de «la actitud emocional básica del hombre sometido de nuestra civilización autoritaria de las máquinas y de su concepción vital místico-mecanicista».[7] El fascismo constituye la reacción irracional de individuos que no logran realizarse y que proyectan sobre otros su sentimiento de impotencia, mientras que una democracia saludable se edifica sobre el amor, el saber y la creación, es decir, sobre la vida.

Siendo la suma de todas las reacciones caracteriales del hombre medio oprimido, ávido de autoridad

7 W. Reich, *Psicología de masas del fascismo*, Madrid, Enclave de Libros, 2020, p. 55.

y también rebelde,[8] el misticismo fascista amalgama emociones revolucionarias con conceptos reaccionarios. Se trata de una nostalgia orgiástica, producto de la desviación de una ideología mística y, según Wilhelm Reich, consecuencia de la represión de la sexualidad.[9] Por el contrario, cuando el individuo toma conciencia de la potencia del amor, de la riqueza que le ofrecen el saber y el psicoanálisis, así como del valor irreemplazable de todas estas emanaciones del principio vital, deja de replegarse sobre sí mismo y de contraerse frente a los demás: crece. Deja de ser ese «hombrecillo» que «ha perdido el sentido de lo que más vale» en sí mismo y que lo estrangula o asesina allí donde lo reconoce.[10] Según Wilhelm Reich, que recibió en su consulta de psiquiatra a muchos de ellos, ese «hombrecillo» y esa «mujercilla» explican cómo el partido nazi, que apenas contaba con una breve historia y escasas doctrinas, nació en el seno de una cultura racionalista y humanista, y logró arrastrar a las masas.

Cuando los individuos no aceptan la carencia y los límites, son incapaces de atravesar sus emociones negativas, las reprimen y se desconectan de sí mismos y de su creatividad. Invadidos por la amargura, culpan a los demás y al conjunto de la sociedad de su desgracia. Cuando el contexto social y político favorece la instrumentalización de ese estado de ánimo y de la desubjetivación que caracteriza el mundo moderno, en el que

8 *Ibid.*, p. 57.

9 *Ibid.*, pp. 97-98.

10 W. Reich, *¡Escucha, hombrecillo!*, Madrid, La Linterna Sorda, 2015, p. 45.

los sujetos se perciben como prescindibles y desecha-
bles, hay que temer catástrofes políticas. Porque siempre hay aquí y allá personas que sufren de un complejo
de ilegitimidad, pero que saben manipular a los demás
perfectamente, utilizando y avivando sus frustraciones.
Son esas personas las que, en tiempos convulsos, aprovechan la coyuntura para apropiarse del poder y enriquecerse. Después perpetúan un clima de odio y resentimiento que sirve para legitimar sus privilegios. Así el
fascismo instrumentaliza el malestar social mediante la
difusión de un veneno hecho de resentimiento y paranoia, lo que no hace sino agravar ese malestar y aleja a
los ciudadanos de toda posibilidad de cuestionamiento.
Es importante, para contrarrestar esta desubjetivación
y prevenir el cataclismo político que provoca ese psicoanálisis al revés y ese clima de odio, aprender a no
dejarse cegar por la ira y a reforzar el vínculo social de-
sarrollando afectos saludables, en los que el otro no sea
ni reducido a objeto ni destruido. Disfrutar de la vida,
cultivando la alegría y compartiéndola, es un antídoto
frente al fascismo, que no es otra cosa que una respuesta irracional, patológica y perversa ante necesidades biológicas y sociales insatisfechas.[11] La potencia de

11 Esta insistencia en la felicidad, en la realización sexual —que
no tiene nada que ver con la pornografía ni con la cosificación del
otro—, así como en el papel que desempeñan la cultura y el trabajo
en la realización personal y en su capacidad para establecer vínculos
saludables y resistir al fascismo, constituye una de las principales con-
tribuciones de Wilhelm Reich a la reflexión sobre el fascismo y los
remedios posibles frente a esta catástrofe colectiva alimentada por la
desgracia humana.

lo femenino, que implica asumir plenamente nuestra condición corporal —es decir, reconocer nuestra vulnerabilidad común, nuestra dependencia respecto de los otros, de la naturaleza y de los elementos— y hacer de ello una oportunidad, el punto de partida para la cooperación y para un proyecto solidario, es el antídoto contra el fascismo. Aunque esta potencialidad de la condición humana está al alcance de todos y todas, a menudo queda sofocada y actualmente el imperio de la fuerza y el sometimiento de líderes fascistas, que pueden conducir un país a la ruina, son peligros inminentes.

Pero ¿cómo se explica que un líder consiga instaurar y mantener un sistema de dominación que genera caos y sufrimiento para todo un pueblo, incluidos los ciudadanos y las ciudadanas que votaron por él? ¿Por qué, al igual que el individuo manipulador que invade el psiquismo y se apropia de los bienes de otro, no resulta siempre reconocible desde el inicio? Y, en última instancia, ¿qué permite comprender que, tarde o temprano, acabe fomentando un clima de xenofobia y de odio hacia el otro que desemboca no solo en violencia verbal, sino también en asesinatos y en guerras?

En primer lugar, es preciso reconocer que, aunque los movimientos de extrema derecha no se sustentan en teorías elaboradas y complejas, el líder fascista demuestra una gran pericia en reciclar estereotipos, especialmente los prejuicios racistas, cuyo carácter sádico y perverso ya subrayaba Wilhelm Reich. También toma prestadas ideas sin ningún rigor, sacándolas de cualquier parte, con el objetivo de confundir el pensamiento. Es un maestro del engaño, y la subversión del lenguaje constituye su marca registrada. Carecer de títulos académicos o poseerlos, ser atractivo o no, rico o pobre, joven o viejo: nada de esto resulta determinante. No son esos atributos los que le otorgan poder de persuasión, sino su capacidad para decir al público lo que quiere oír, apelando a sus pulsiones reprimidas. Incluso cuando simula despreciar la cultura o la teme, sabe instrumentalizarla para desviar los símbolos. Si la religiosidad es importante en su país, la explotará, y el fanatismo religioso se convertirá en aliado del misticismo fascista que está en el centro de sus discursos identitarios. En un contexto laico, no pondrá en cuestión la separación entre Iglesia y Estado, pero utilizará ese principio para estigmatizar a determinadas comunidades religiosas. La extrema derecha lo instrumentaliza todo: las ideas, las personas, las instituciones, las tradiciones, y es tergiversando los conceptos, cambiando el sentido de las palabras, contradiciéndolo, como seduce a sus electores y también siembra la confusión en la mente de sus detractores. Deteriora el lenguaje y trastorna la razón. No tiene rival en esto. El desorden que genera es inmenso: las palabras, vaciadas de sentido, se vuelven inoperantes, y los conceptos, despojados de sustancia, se reducen a meros eslóganes.

La soldadura narcisista propia de la trama que se teje entre un líder de extrema derecha y determinada población es perfecta, porque los temas identitarios que exaltan los movimientos nacionalistas responden a una necesidad de certeza por parte de individuos que se sienten excluidos y encuentran en la xenofobia y en otras formas de caza de brujas una vía de escape para sus conflictos internos. Sin embargo, el sistema de dominación que se instaurará se volverá contra ellos, y no solo contra los objetivos que les sirven como blancos para descargar su agresividad. El odio hacia una categoría de personas se convertirá, tarde o temprano, en maltrato generalizado y en opresión.

Ahora bien, en un primer momento, durante la fase de aproximación y seducción, la violencia del líder de extrema derecha, al igual que la del manipulador o de la manipuladora que representa la comedia del amor, está enmascarada. Las personas a las que arrastra parecen tranquilas, y los demás no los toman en serio. Quien pretende atrapar a un individuo o a un pueblo en su red actúa desde la sombra, de modo que nadie, al principio, desconfía de él. Más adelante, sus víctimas quedarán perplejas ante las pérdidas sufridas: no comprenderán cómo una institución que funcionaba pudo ser desmontada ni cómo un país pacífico y próspero terminó por sumirse en el caos y la violencia.

El individuo capaz de hacer caer hoy una democracia, lejos de ser un filósofo eminente, un orador fascinante o incluso un político con experiencia, puede irrumpir aparentemente desde la nada. Puede ser muy joven, no haber trabajado nunca o apenas haberlo hecho. Su ascenso y su llegada al poder suelen pasar desapercibidos, porque desde la primera infancia ha aprendido a dominar el arte del camuflaje y de las maniobras entre bastidores.[12] Es un camaleón que se

---

12 P.C. Racamier, *Les perversions narcissiques, op. cit.*, pp. 97, 100.

adapta a los entornos y a las circunstancias, y proyecta sobre los otros la culpa de sus propias fechorías. Nadie sospecha de sus artimañas. No ataca, sino que intimida. No excluye, sino que empuja a quienes le estorban a que se aparten. Se infiltra, se introduce, se convierte en el amigo o el amante de tus amigos o de tus allegados; se gana la confianza de unos y de otros para luego enfrentarlos, dividir familias, hermanos y grupos. Una vez que tiene el mando, coloca a hombres y mujeres serviles, seres como él, poco capacitados, pero ávidos de obtener ventajas y poder, y que le deben todo.

Un individuo así logra seducir a los demás porque los halaga. Sus futuras víctimas también deben confiarle sus secretos, que luego resultarán útiles al tirano, que sabrá cómo manipularlas explotando sus fragilidades, tocando donde más les duele, pero también recompensándolas con aquello que las embriaga, aquello que para ellas se convierte en una droga. Como ya se ha señalado, el individuo narcisista y perverso no se dirige a cualquiera: selecciona de entrada a personas con fisuras y centra su atención en aquellas que pueden aportarle beneficios materiales y ayudarle a escalar posiciones. Tras identificar a sus presas, las estudia largo tiempo con el fin de diseñar una estrategia ajustada a su personalidad y orientada a satisfacer del modo más eficaz posible sus necesidades. Deben llegar a convencerse de que han encontrado a la perla rara, al compañero o al líder que siempre habían esperado.

Al inicio, la relación resulta muy gratificante para la víctima. Para seducirla, el depredador la tranquiliza y la conquista. Absorbida por las palabras amables que escucha, baja la guardia. Halagada por el interés que el futuro tirano le muestra, la atención que le presta, las demostraciones de admiración y los ánimos, que al principio no escatima, la víctima se siente en una nube. En ocasiones se pregunta si ese ser que no cesa de adularla y que le transmite la impresión de que está destinada a un porvenir grandioso no será alguien más bien débil. Podría convencerse de ello si no fuera por la insistencia, esa manera que tiene el adulador de no soltarla nunca, incluso cuando la colma de gestos afectuosos. ¿No se estará excediendo? Sin embargo, la víctima cree tanto en su propio renacimiento que, anticipando su resurgimiento esplendoroso, se embriaga y aparta sus dudas. Es tan reconfortante escuchar a alguien decir: «¡Mereces más que la vida que tienes, tus esfuerzos no han sido reconocidos como deberían! Quieren impedirte alcanzar tu gran destino, pero yo creo en ti y voy a ayudarte».

El narcisismo herido constituye el talón de Aquiles de la víctima, y es así como cae en las redes de un narcisista aún más fuerte que ella, que terminará por destruirla. Esta fragilidad, que la vuelve vulnerable al sometimiento, no es infrecuente en nuestros días. Porque los referentes que antes permitían a cada sujeto saber cuál era su lugar en la sociedad se han desmoronado. La necesidad de seguridad, que es uno de los pilares del equilibrio psíquico, resulta difícil de satisfacer porque todo parece incierto y reversible, como si aquello que ha costado años edificar pudiera derrumbarse de un día para otro. De ahí que muchas personas se sientan inseguras y busquen validación en los demás o en la sociedad. El individuo manipulador es un depredador formidable, capaz de detectar esa necesidad de validación, y su habilidad para identificar lo que puede ofrecer a los demás para que se sientan aceptados y tranquilos es lo que condiciona su éxito. Al hacerles creer que son excepcionales, al borrar su sentimiento de nulidad y alimentar en ellos la ilusión de participar en una empresa grandiosa, los seducirá con más eficacia que cualquier afecto genuino o compromiso auténtico. Así es como individuos a quienes la naturaleza no ha otorgado grandes talentos ni virtudes pueden, sin embargo, atrapar en sus redes incluso a los más combativos y a los pueblos más rebeldes, llevándolos finalmente a una servidumbre voluntaria.

Si en la fase de seducción el político de extrema derecha que aún no ostenta el poder hace todo lo posible por atraer nuevos adeptos, una vez en el cargo se vuelve implacable e instaura una forma de dominación que antes se había esmerado en disimular. Pero no nos engañemos imaginando que ha cambiado. La seducción ya era manipulación: su objetivo, ya de entrada, no era la convivencia ni la felicidad compartida, sino el beneficio propio, obtenido a expensas del otro. Este último, desde la primera mirada, es cosificado. Un individuo manipulador y perverso carece de sentido de la alteridad y no se preocupa por las necesidades ni los intereses de aquellos a quienes utiliza. La víctima, una vez atrapada, sufre por la frustración que experimenta. Sin embargo, no logra liberarse de ese vínculo y rememora con nostalgia los inicios de la relación: la luna de miel y la imagen de sí misma que el otro le devolvía. Su dependencia se alimenta tanto del éxtasis como de la privación, tanto de recompensas como de ataques, insultos y humillaciones. Convencida de que las crisis no son más que nubes pasajeras en un cielo azul, termina por asumir la culpa y dar por válidos los reproches del otro. Aún fascinada por quien idolatra, se siente insignificante y baja cada vez más la cabeza.

El individuo narcisista y perverso, alternando el calor y el frío, humillando al otro mientras lo halaga, va destruyendo progresivamente su autoestima y penetrando su mente, sugiriéndole, con pequeñas frases asesinas, que no está a la altura, que nadie lo quiere y que sus amigos lo traicionan. La víctima, desorientada, desconectada de sí misma y de los demás, invadida por la paranoia, se convierte en su esclava o en su marioneta, en su juguete y en la ejecutora de su programa, cuyo objetivo es despojarla de sus bienes. Pierde dinero, mientras su verdugo se enriquece, reniega de todas las personas que este considera obstáculos para consolidar su imperio, adopta su estilo de vida y su manera de hablar. Mira el mundo con sus ojos, alaba a quienes él alaba y culpa a quienes él critica. Vacía de su esencia, ya nadie la reconoce.

Es agotándola, haciéndola dudar de sí misma y de los demás, después de haberla atraído con halagos, como el individuo narcisista y perverso controla a su víctima. Entonces puede hacerle creer y afirmar cualquier cosa, y empujarla a cometer actos absurdos o incluso abominables. A diferencia de los vínculos saludables, que permiten a cada uno florecer sin que nadie tenga que anularse o rebajarse para que el otro exista, los vínculos patológicos se caracterizan porque uno de los miembros acapara cada vez más poder y dinero, mientras el otro lo pierde todo: su patrimonio, su honor, sus amigos, su familia, su autoestima, su juicio, su salud y, en ocasiones, su vida. A pesar de ello, muchas veces permanece hasta el final, hasta que, habiéndolo perdido todo, es abandonado por su tirano o esa situación lo mata. Porque el sometimiento no es una simple estafa, sino una infiltración destinada a apoderarse del psiquismo del otro.

Adoptando la estrategia del cuco —esa ave cuya hembra deposita un huevo en el nido de otro pájaro tras haberlo observado a escondidas y cuyo polluelo será alimentado en respuesta a su voracidad—,[13] el individuo narcisista y perverso ha sabido hacerse querer tanto por su víctima como por el entorno de esta. Estos últimos se encariñan con él como si fuera uno de los suyos. Es esta cercanía afectiva, esta manera que tiene el individuo perverso y narcisista de mimetizarse perfectamente con el entorno del que quiere apoderarse, lo que explica su eficacia manipuladora. Esta habilidad y este arte del disimulo se encuentran en los miembros y líderes de extrema derecha que, hoy en día, se infiltran en distintos sectores de la sociedad, adoptan sus códigos, los pervierten y se adueñan progresivamente de las asambleas, los medios de comunicación y la cultura. Su consumado arte de la duplicidad y del doble lenguaje, su manera de alternar halagos con descalificaciones, de presentarse como demócratas y condenar la violencia mientras se alían con dic-

---

13 P.C. Racamier, *Les perversions narcissiques, op. cit.*, pp. 117-120.

tadores, sus maniobras para atribuir a otros crímenes que ellos mismos han cometido o han hecho cometer y su uso de falsedades funcionan porque antes han logrado crear una proximidad afectiva con los votantes. Pero, cuando obtienen el poder, se vuelven tan tiránicos y violentos como los amantes manipuladores tras haberse casado con su víctima. Explotan y oprimen a los demás, incluidos quienes los votaron y ya no pueden proporcionarles mayores beneficios. Cuidado con quienes los desenmascaren: tratarán de eliminarlos. Y los pobres ¡rápidamente serán olvidados! Porque, aunque los líderes de extrema derecha prometan medidas sociales y reclamen justicia para todos, solo se preocuparán de quienes les sirvan para mantener el poder. Los más serviles y corruptos serán sus aliados, y buscarán la complicidad de los más ricos.

El descrédito lanzado contra el valor de la verdad es una constante en el fenómeno del sometimiento. Permite comprender por qué el control sobre los individuos y los pueblos puede prolongarse tanto tiempo. Nada puede considerarse verdadero alrededor de un núcleo perverso. La transgresión es constante, las normas comunes quedan desacreditadas y los roles o funciones se subvierten. El sometimiento nunca es local; el veneno contamina todas las esferas de la vida individual y colectiva. Así, cuando un movimiento de extrema derecha penetra en una sociedad, asfixia sus fuerzas vitales, absorbe la energía de unos y otros, desestabiliza el conjunto de la comunidad, degrada las instituciones y envilece a las personas. Ya se ha dicho: el individuo narcisista y perverso descalifica a quienes utiliza. Se sirve de unos para desacreditar a otros, difunde mentiras y secretos falsos, propaga rumores que siembran confusión, aísla o aleja a los espíritus libres. Del mismo modo, cuando la extrema derecha accede al poder, reaviva viejos rencores, crea otros nuevos e intimida a quienes denuncian el carácter perverso del sistema. Sus miembros se infiltran en las administraciones y en aquellas instituciones tradicionalmente asociadas al contrapoder. La resistencia y la crítica se vuelven entonces cada vez más arriesgadas, se ven obstaculizadas o no tienen consecuencias sobre el curso de los acontecimientos.

Se dirá que este retrato de una sociedad bajo dominación recuerda a los totalitarismos del pasado. Algunos evocarán también la situación descrita por Alexis de Tocqueville cuando habla de una servidumbre apacible y reglamentada que amenaza a la democracia desde su interior y se instala a la sombra de sus propias instituciones.[14] En el seno de esta sociedad, los individuos, habiendo desertado de la esfera política, consienten la instauración de un poder tutelar y paternalista que lo controla todo mediante una red de medidas administrativas que asfixian el pensamiento, así como a través de la organización de eventos destinados a distraer la ciudadanía y a apartarla de la búsqueda de la verdad y del interés por lo público. Sin embargo, tales analogías resultan engañosas: cuando los individuos, aturdidos, se repliegan en la esfera privada y se dejan absorber por los bienes materiales, la democracia se debilita, aunque

14 A. de Tocqueville, *La democracia en América*, Madrid, Trotta, 2018, cuarta parte, cap. VI, pp. 1 148-1 160.

eso no tiene nada que ver con su envilecimiento, con el envenenamiento de las instituciones y de la sociedad por ideas de odio ni con la pérdida de un país tras la llegada de la extrema derecha al poder. Porque un país invadido por el odio es un país perdido. Pierde su cultura, su alma, su honor. Y el odio al otro es tan indispensable para la extrema derecha como el maltrato lo es para el individuo narcisista y perverso, que necesita erradicar a quienes son diferentes a él o lo cuestionan para poder gozar del sentimiento de su propia grandeza. Los individuos sobre los que se ejerce este sometimiento acaban por entregarse, como contagiados por el mal, a esta misma violencia, humillando aún más a los demás cuanto más hayan sido humillados, maltratando a aquellos en los que ven reflejada la parte de sí mismos que desprecian o que ha sido despreciada.

No debemos dejarnos engañar por las palabras tranquilizadoras de los líderes nacionalistas que, en su afán por atraer cada vez a un número creciente de votantes, intentan desdemonizar sus movimientos y presentarlos como compatibles con la democracia, el pluralismo político y la diversidad social. La extrema derecha solo puede existir, prosperar y consolidar su dominación a través del odio al otro. Su exaltación, el rechazo al extranjero, el racismo, el antisemitismo, la sumisión de las mujeres, la discriminación contra las personas homosexuales y la censura contra artistas e intelectuales sostienen la soldadura narcisista entre los movimientos extremistas y sus adeptos. La fascinación que ejercen estos movimientos proviene del hecho de que responden a las frustraciones de los individuos y a su herida narcisista, alentándonos a permanecer en el autoengaño frente a la realidad, a no confrontar su propia fragilidad y a estrangular todo aquello que hay de bueno en el ser humano. Del mismo modo que un individuo narcisista y perverso es incapaz de amar y de liderar un grupo de forma constructiva, los dirigentes de extrema derecha son incapaces de aportar respuestas a las situaciones complejas que están en el origen del malestar social o de establecer vínculos saludables con los demás. De ahí que dividan para reinar mejor y recurran a métodos simples que han demostrado su eficacia a lo largo de la historia: la xenofobia y la caza de brujas contra quienes señalan como responsables de la decadencia general, de la descomposición moral y de la pérdida de grandeza nacional. Como se ha señalado, la designación de culpables permite evacuar los conflictos internos de los individuos y sirve como vía de escape para su agresividad. No obstante, para que estos se abalancen contra tales blancos, es necesario alimentar su humillación, real o imaginaria. Así pues, los líderes de extrema derecha convierten a sus víctimas en culpables e inocentes al mismo tiempo. Logran convencerlas de que valen más de lo que poseen y merecen un destino nacional más elevado, pero también que, por debilidad o cobardía, no han hecho lo necesario para alcanzarlo. Es mediante este doble lenguaje, a través de instrucciones contradictorias, de la alternancia entre halagos e insultos, promesas y amenazas, y de la fusión entre seducción y violencia, como consiguen inflamar los ánimos, haciendo que los humillados se vuelvan humilladores, que los excluidos pronuncien discursos discriminatorios y que los individuos pasivos, sintiéndose condenados a la invisibilidad, viertan su ira y su odio ante el mundo entero.

Ese odio necesita encontrar objetivos que sean a la vez fuertes y débiles. Deben ser prestigiosos y suscitar envidia, encarnar aquello que el individuo narcisista y perverso codicia, pero también deben ser frágiles, vulnerables, susceptibles de recibir insultos, golpes y una muerte violenta, ser distintos e incómodos para poder ser ofrecidos al escarnio colectivo. Como escribió Simone Weil, «se es siempre bárbaro con los débiles».[15] Abstenerse de agredir a quien es débil requiere seguridad en uno mismo. No abusar del poder que se ejerce sobre quienes se encuentran bajo nuestra dependencia o autoridad exige cierta madurez. Esta se funda en el conocimiento del mal y en la conciencia de la propia falibilidad. También requiere ser capaz de acoger la alteridad, de amar la diferencia sin temor y de aceptar que la contradicción habita en uno mismo.

El maltrato y la destrucción son el reflejo de las contradicciones o los conflictos internos que los sujetos se niegan a afrontar. Como escribe Merleau-Ponty: «la agresión que aparto de mí es la misma que envío a otros, el terror que me amenaza y el que inspiro son los mismos [...]. Pero por un efecto retroactivo el dolor que causo me desgarra al mismo tiempo que a mi víctima, y la crueldad [...] hay que volver a empezar siempre. [...] Hay [...] una Comunión de los Santos negra,

---

15 S. Weil, «Reflexiones sobre la barbarie», en *Escritos históricos y políticos*, Madrid, Trotta, 2007, p. 272.

el mal que hago, me lo hago a mí mismo, y al luchar contra otro lucho contra mí mismo».[16]

Existe un juego de espejos entre el agresor y el agredido, similar al que se establece entre los militantes de extrema derecha y aquellos sobre quienes proyectan su temor al desclasamiento. Los movimientos nacionalistas impiden a los ciudadanos elaborar sus heridas narcisistas y los mantienen atrapados en la ilusión de una omnipotencia que no les permite abrirse a los demás, sino que los empuja a ejercer violencia sobre ellos. Incapaces de reconocer simultáneamente la comunidad de vulnerabilidad que une a todos los seres humanos y la alteridad que remite a la unicidad e irreductibilidad de cada uno, a la muerte y a la separación, permanecen prisioneros de un narcisismo que se opone tanto a la razón como al amor y acaban cediendo al fanatismo: «tenemos así el caso del "gran amor", que con frecuencia es solo *folie à deux* y no amor».[17]

16 M. Merleau-Ponty, «Nota sobre Maquiavelo», en *Signos*, Barcelona, Seix Barral, 1964, p. 266.

17 E. Fromm, *El corazón del hombre, op. cit.*, p. 100.

LAS GUARDIANAS DE LA DEMOCRACIA

El *poder* [...] solo existe en la medida en que el
querer vivir y actuar en común subsiste dentro
de una comunidad histórica. [...] Este poder es
olvidado en cuanto origen de la instancia política,
y encubierto por las estructuras jerárquicas [...]. A
este respecto, nada es más grave que la confusión
entre poder y dominación, o [...] entre *potentia* y
potestas. La virtud de justicia [...] aspira precisamente a [...] volver a poner la dominación bajo
el control del poder en común. Y esta tarea, que
define quizá a la democracia, es una tarea sin fin.

PAUL RICŒUR, *Sí mismo como otro*

La democracia, etimológicamente, designa el poder
(kratos) del pueblo *(demos)*. No se trata tanto del ejercicio del mando como del origen de la legitimidad.
A este respecto, Kant distingue entre la forma de
gobierno —es decir, el hecho de que el poder se con-
fíe a uno solo, a varios o a todos— y el modo de
gobierno.[1] Este último es despótico cuando prevalece

---

[1] I. Kant, *Sobre la paz perpetua*, Madrid, Alianza, 2002, p. 28.

el arbitrio y todos los poderes se concentran en manos de un jefe, de un grupo o incluso de la mayoría, y es republicano cuando la soberanía reside en el pueblo. En este caso, las instancias jerárquicas obtienen de él su legitimidad y los poderes ejecutivo, legislativo y judicial se hallan separados.

La soberanía del pueblo, sobre la cual se sustenta el ideal kantiano de constitución republicana y que define lo que hoy denominamos democracia, no excluye la representación —a diferencia de lo que sucede en una democracia directa— y, ante todo, requiere mediación. Esta se opone a la inmediatez, del mismo modo que la idea se opone a la opinión en Platón o el conocimiento a las impresiones puramente subjetivas. Asociada a la diferencia, y no a la transparencia, la mediación implica la existencia de un intermediario que posibilite el diálogo entre dos seres. No tiene nada que ver con la fusión ni con los juegos de espejos característicos de las relaciones narcisistas, que se basan en una identificación proyectiva donde cada uno admira en el otro su propio reflejo. El reconocimiento del papel de la mediación va unido a la aceptación de la alteridad e incluso de la separación. Es fundamental para los seres humanos, que para comprenderse y aprender a convivir deben recurrir a intermediarios, como el lenguaje y los relatos. Sin embargo, la mediación no es solo un intermediario o un sustituto de la ausencia de otro, como ocurre con el representante político. El término *mediatio*, que significa «división en el medio», sugiere que existe una distancia entre los seres que, no obstante, están vinculados. Esto explica que la mediación que introduce un tercero sea ambivalente: nos permite acceder a una mayor visibilidad y reflexividad, pero también puede decepcionarnos y traicionarnos.

La democracia es un régimen pluralista que presupone el establecimiento progresivo del bien común mediante una oposición regulada, orientada a integrar los intereses y las opiniones divergentes de los ciudadanos, evaluar los proyectos políticos en competencia y negociar compromisos. De ahí la necesidad de la mediación. En efecto, no sería legítimo determinar de antemano el bien común imponiendo normas de manera arbitraria y definitiva sin un debate previo con los distintos actores implicados. Además, nadie posee la intuición de lo absoluto ni puede captar de forma inmediata el bien común, por más que los profetas del engaño pretendan lo contrario. Las decisiones colectivas, al igual que las opiniones, se nutren de los debates que tienen lugar en los medios de comunicación, en el seno de asociaciones o sindicatos y, en general, en el conjunto de la vida cultural. De esta forma, las normas capaces de promover la justicia y el bien común emergen de manera gradual y son revisables. Finalmente, en nuestras sociedades, las leyes son propuestas y votadas por los representantes del pueblo. Así pues, la mediación resulta esencial para la democracia no solo porque esta adopta la forma de un régimen representativo, sino sobre todo porque el bien común no puede confundirse ni con la intuición extraordinaria de un individuo ni con la expresión espontánea de un pueblo.

Que los individuos puedan constituirse en cuerpo político no implica que el pueblo constituya una unidad previa, contrariamente a lo que proclaman los nacionalistas. Estos últimos, abusando de la metáfora organicista, equiparan la comunidad política a una totalidad que englobaría a todos los ciudadanos como si conformaran un único cuerpo y tratan a los extranjeros como enemigos o miembros impuros, como parásitos que amenazan la salud de la nación. Esta concepción resulta errónea, pues una comunidad política es dinámica: está compuesta por personas diversas cuyos vínculos están mediados por el lenguaje y permanece abierta tanto a los recién llegados como a las transformaciones. En una sociedad humana, la memoria colectiva está ligada a los acontecimientos y los relatos que conforman su historia, así como al patrimonio natural y cultural, geográfico y social. Todo ello precede a cada individuo, que es acogido en una comunidad determinada, haya nacido en ella o se haya incorporado a lo largo de su vida. Puede hablarse, por tanto, de la identidad de un pueblo, siempre que se precise que se trata de una identidad narrativa, producto de una hermenéutica que no excluye el conflicto de interpretaciones. Lo que los ciudadanos conciben como bien común resulta también de la confrontación de opiniones y de una forma de prudencia o *phronēsis* compartida, que no consiste en sintetizar las posiciones divergentes, sino en hacer emerger la voluntad general.

Para constituirse como pueblo, los ciudadanos deben escuchar la voz de la voluntad general —como sostiene Jean-Jacques Rousseau— y formular propuestas que trasciendan sus intereses particulares, que puedan universalizarse o considerarse válidas en una escala colectiva. Aunque el autor de *El contrato social* rechazó la representación política con el argumento de que la voluntad no puede ser delegada, insistió en la circularidad entre las leyes y las instituciones: «sería preciso [...] que los hombres fuesen ya, antes de existir las leyes, lo que deben llegar a ser gracias a ellas».[2] En otras palabras, las instituciones republicanas transforman a los ciudadanos y, al mismo tiempo, su buen funcionamiento presupone que cada cual se transforme y amplíe su punto de vista. Antes de abordar esta cuestión —que nos invita a reflexionar sobre los rasgos morales o las formas de ser que tanto gobernantes como gobernados deben cultivar—, conviene examinar más detenidamente el vínculo existente entre las instituciones democráticas y la mediación.

Afirmar que la representación política —ya se trate de las asambleas o del poder ejecutivo— constituye una mediación implica reconocer que la democracia se funda en la confianza. La etimología del término *confidere* (*cum*, con; *fidere*, fiarse) lo vincula con la fe *(fides)*. Al confiar los asuntos públicos a los representantes electos, nos encomendamos a su buena fe, con la esperanza de que comprenderán y respetarán nuestra voluntad, les otorgamos crédito. Sin embargo, nos exponemos a la decepción y a la traición. La decepción surge ante la constatación de una falta de adecuación entre el mandato y la persona que lo ejerce: la ciudadanía considera, por ejemplo, que un represen-

2 J.J. Rousseau, *El contrato social,* Madrid, Akal, 2017, libro II, cap. VII, p. 98.

tante no es digno de confianza porque no cumple con su función. La traición, por su parte, se asocia a emociones más intensas —que oscilan entre la indignación y la ira—, pues deriva del sentimiento de haber sido víctima de un abuso de confianza: el representante no ha incumplido sus promesas por incompetencia, sino por haber mentido deliberadamente y haber buscado su propio interés en lugar de servir al del pueblo. En ambos casos, los ciudadanos se sienten despojados de su soberanía y constatan un grave disfuncionamiento de la democracia. Es por esta razón que la decepción en política suele vivirse también como una traición.

El hecho de que la democracia se funde en la confianza la convierte en frágil. No obstante, esto también constituye su valor. La política no se reduce a simples cálculos, sino que, como señala Aristóteles, se ocupa de los futuros contingentes y requiere necesariamente confianza. Gobernar a otros y tomar decisiones justas en circunstancias concretas exige sabiduría práctica, prudencia o el ejercicio del juicio moral adaptado a las circunstancias. Por ello, un tecnócrata no es por fuerza un buen político. Hay que saber juzgar bien y apostar por el futuro en lugar de limitarse a aplicar procedimientos, seguir fórmulas del pasado o delegar en algoritmos. Al oponerse a la dominación o a la sumisión a un líder, y al implicar una apertura a lo inesperado, la política, en una democracia, se basa en una apuesta que presiona a los representantes y expone a los ciudadanos al riesgo de que su voluntad sea malinterpretada o confiscada. La confianza *(trust)* depositada en los representantes no puede basarse únicamente en sus competencias o en las capacidades que les permiten cumplir lo que se espera de ellos. Va más allá de un simple juicio sobre su fiabilidad *(reliance)*:[3] implica fe en el porvenir, la esperanza de que los representantes sabrán conducir el país en la buena dirección, a pesar de la imprevisibilidad y la incertidumbre. En cierta medida, ponemos nuestro destino en sus manos, lo cual presupone una disposición a aceptar decisiones o comportamientos inesperados sin que estos sean inmediatamente objeto de sospecha o rechazo.

La ambivalencia inherente a la representación —y a toda forma de mediación— refleja la misma paradoja política que atraviesa la democracia. Por un lado, todo régimen democrático resulta siempre algo decepcionante, porque el bien común solo puede emerger mediante un entramado de mediaciones que requieren tiempo, esfuerzo y compromiso. El pueblo no constituye una entidad inmutable: se halla en constante recomposición, dado que su identidad, de naturaleza narrativa, se construye a través de discusiones y de instituciones que encuadran los debates. Las decisiones, por su parte, son tomadas por representantes falibles, expuestos tanto al error como a la falta. Sin embargo, esta fragilidad estructural de un régimen fundado en la confianza es precisamente el signo distintivo de la democracia: las orientaciones no deben determinarse de antemano, al margen de la ciudadanía y sin atender a los contextos, la imprevisibilidad y la incertidumbre

3 M. Marzano, «Qu'est-ce que la confiance?», *Études* 1(412), 2010, pp. 53-63.

—como sucede, en cambio, en las dictaduras y en las sociedades sometidas a un control permanente sobre los individuos—. En una democracia, la política no obedece, en principio, a una lógica aseguradora que pretenda suprimir todo riesgo.[4] Puesto que la diversidad y la alteridad sobre las que se sustenta este tipo de sociedad exigen la capacidad de adaptación frente a situaciones heterogéneas, sin bloquear la creatividad ni impedir la irrupción de lo inesperado, la democracia necesita mediaciones saludables. Lejos del ideal de fusión entre representados y representantes que promueven los discursos populistas, un gobierno democrático presupone el reconocimiento del desfase que existe entre ambos y la provisión de un marco que permita a los individuos ejercer su ciudadanía y adquirir las cualidades necesarias para ello.

La soberanía del pueblo, principio cardinal de la democracia, implica que las leyes tienen como fundamento y finalidad la libertad de los individuos. En este sentido, la seguridad —que constituye uno de los deberes del Estado— no puede justificar la sumisión de los ciudadanos a un líder ni las derivas autoritarias. El principio de separación de poderes limita el modo en que el Estado ejerce su autoridad y regula la labor del legislador, cuyo deber es promulgar las leyes como si los propios ciudadanos las hubieran decidido. No solo impide que las instancias jerárquicas opriman a los ciudadanos, sino que también actúa como contrapeso al poder de la mayoría, en la medida en que la oposición

4 M. Hunyadi, *Faire confiance à la confiance*, Toulouse, Érès, 2023.

puede, gracias a las elecciones, recuperar escaños en las asambleas y acceder de nuevo al gobierno.[5] Este principio junto con los que son consustanciales a la democracia —entendida bien como régimen político o bien como forma de sociedad—, tales como el pluralismo político o la existencia de varios partidos, los derechos humanos, la responsabilidad de los representantes,[6] la transparencia electoral, la igualdad, la participación ciudadana, la tolerancia, la libertad de creencia y de opinión y la libertad de prensa, son los que la distinguen de los regímenes autoritarios o totalitarios. Sin embargo, el respeto a estos principios va más allá de la mera conformidad con los procedimientos: requiere también disposiciones morales y decisiones exigentes en los ámbitos social, político y económico. Esto resulta evidente cuando se trata de garantizar el acceso igualitario de todas las personas a la salud, la educación o el empleo, pero también cuando están en juego la participación ciudadana, la tolerancia o la libertad de prensa.[7]

5 Montesquieu, *Del Espíritu de las Leyes,* Madrid, Alianza, 2015. Véanse cap. 6 del libro XI y cap. 27 del libro XIX.

6 La responsabilidad designa aquí no tanto un principio moral como la obligación de rendir cuentas ante los ciudadanos, lo que en inglés se traduce como *accountability.*

7 La consulta de los distintos informes de la Comisión Nacional de los Derechos Humanos (CNDH) muestra hasta qué punto, incluso en un Estado de derecho como Francia, el respeto de los derechos humanos está lejos de estar garantizado y, sobre todo, de ser efectivo, en particular en las prisiones, en los centros psiquiátricos y en lo que respecta a los niños: cerca de 3 000 de ellos duermen en la calle, y algunos —en especial los niños alófonos— no están escolarizados (www.cncdh.fr). Véase también «En France, des milliers d'enfants à la rue ou dans des hébergements précaires!», en la web de UNICEF.

Los individuos no pueden realmente constituirse en pueblo ni determinar democráticamente el bien común si no comparten el deseo de convivir, o si sus vínculos son meramente instrumentales, limitados al intercambio de favores, a la competencia o a las relaciones comerciales. La democracia se ve amenazada cuando estos lazos se vuelven patológicos, cuando se basan en tensiones identitarias, en el resentimiento y en el odio. El individualismo —que parte de un juicio erróneo que lleva a cada uno a replegarse en la esfera privada con indiferencia respecto al destino de sus conciudadanos y de su patria—,[8] así como la pérdida de confianza en las instituciones, debilita la democracia desde dentro. Puesto que el modo de gobierno republicano tiene por objetivo garantizar la libertad de cada miembro de la comunidad como ser humano, su igualdad con los demás en tanto que súbdito y su independencia como ciudadano,[9] exige que los individuos cultiven tanto la razón como la libertad. Han de ser capaces de determinar juntos las reglas de la justicia, que no se reduce a la suma de opiniones o intereses particulares. Su autonomía política presupone, por tanto, el acceso a la educación, a una información clara y de calidad, a la vez que el desarrollo de un espíritu

8 A. de Tocqueville, *La democracia en América, op. cit.*, segunda parte, cap. II, pp. 846-849. Tocqueville distingue el individualismo del egoísmo, que consiste en preferirse a uno mismo por encima de los otros y que, por así decirlo, obedece al instinto.

9 I. Kant, «En torno al tópico: tal vez eso sea correcto en teoría, pero no sirve para la práctica», en *Teoría y práctica*, Madrid, Tecnos, 1986, p. 27.

crítico y de un sentido de la justicia. Solo así podrán defender sus propios intereses sin perder de vista el bien común ni desatender el punto de vista de los demás.

Una vez más, un modo de gobierno republicano opera y exige al mismo tiempo un cambio en la forma de ser de la libertad.[10] Al dejar atrás aquella libertad que Rousseau denomina «natural» y que se identifica con la independencia de sujetos aislados, los ciudadanos, constituidos como comunidad política —y con mayor razón aún los representantes políticos—, tienden a descentralizar su mirada con el fin de concebir y promulgar normas de convivencia que sean válidas a escala nacional o incluso transnacional. El paso de la esfera individual y privada a la esfera colectiva y a la vida pública requiere una transformación de la subjetividad, ya que cada uno debe elevarse a un punto de vista general, aunque ello suponga renunciar a algunos de sus fines particulares. Resulta esencial tomar en consideración la diversidad de perspectivas, cuestionar las propias certezas y saber dar un paso al costado para poder llegar a acuerdos con los demás, a pesar de las divergencias de intereses y opiniones.

La necesidad de transformar la subjetividad, vinculada al enfrentamiento con el otro y al esfuerzo por universalizar las propias máximas —es decir, preguntarse si aquello que uno desea es justo para los demás y si nos gustaría que ellos actuaran del mismo modo—,[11]

10 J.J. Rousseau, *El contrato social*, *op. cit.*, I, cap. VIII, pp. 60-61.
11 Aquí se reconoce la regla de la universalización de la máxima, que constituye una ley de la razón práctica: mi razón me proporciona la medida del bien y del mal. Así, cuando puedo querer que

pone de relieve el papel de las instituciones y de las mediaciones orientadas a la formación de la opinión pública, a la deliberación y a la participación ciudadana. Tales instituciones refuerzan la democracia al contribuir al desarrollo de una cultura política que posibilita la expresión y el encauzamiento de los conflictos, así como la emergencia gradual del bien común. No obstante, las instituciones democráticas solo pueden funcionar si los ciudadanos y sus representantes, en particular quienes integran órganos deliberativos, respetan las reglas del debate, actúan tanto con tolerancia como con respeto mutuo y buscan el bien común. Dichas disposiciones y competencias morales no solo deben cultivarse mediante la práctica; también suponen que cada cual tenga confianza en los otros y en las instituciones.

Cuando la desconfianza se convierte en el reflejo primario de los sujetos en sus relaciones —tanto entre ellos como con los representantes, los cargos electos y otros cuerpos intermedios—, resulta difícil que se constituyan como pueblo, deseen convivir y actuar en común. Al carecer de las bases sociales necesarias para la autoestima y convencidos de que sus opiniones y sus voces no tienen relevancia, se alejan de la política. O bien, cuando se les ofrece la oportunidad de expresarse

---

los demás hagan algo, entonces sé que esa acción es buena porque es universalizable. Cuando no puedo querer que actúen de tal o cual manera —porque esa acción introduciría una contradicción, como en el caso de la promesa falsa, que se volvería inoperante si todo el mundo se comportara así—, significa que esa acción no es universalizable y que, al cometerla, haría el mal y me situaría en una posición de excepción.

—ya sea mediante el voto o manifestándose—, hacen oír su ira, lo cual obstaculiza o complica la búsqueda de compromisos orientados a definir reestructuraciones que podrían ser beneficiosas para todos. En tales condiciones, el voto de la mayoría no refleja la voluntad general, el ideal de justicia o el bien común; se reduce, más bien, a la expresión de la fractura que divide a los sujetos entre sí y también en su interior, en un proceso en el que la fragmentación social y la ira se retroalimentan, exacerbando la polarización y el extremismo.

Este clima de desconfianza y la consiguiente desvitalización del vínculo social favorecen el ascenso de la extrema derecha, pero también las derivas autoritarias que se observan en ciertos países, donde las represiones policiales, la confusión de poderes, la corrupción, el incremento de actos discriminatorios y la banalización del racismo, así como la reducción de las protecciones sociales, evidencian un abandono de los principios democráticos. Se configura así un círculo vicioso. Las desigualdades, la corrupción, el reclutamiento de las «élites» dentro de los mismos círculos y el sentimiento de desclasamiento de una gran parte de la población minan la confianza de los ciudadanos hacia los cargos electos, los cuerpos intermedios, los medios de comunicación y los intelectuales. Este clima de desconfianza, que explica la inestabilidad política, el abstencionismo, el conspiracionismo, el auge del populismo y del extremismo, agrava el desgaste democrático. Además, incita a los poderes públicos a adoptar un estilo de gobierno autoritario, a imponer por la fuerza las medidas que consideran necesarias, a reprimir los levantamientos populares y a ignorar tanto las expectativas ciudadanas como el veredicto de las urnas, intensificando así el descontento general y alimentando la crítica populista contra el sistema o el *establishment*. De este modo, el ascenso de la extrema derecha es, en gran medida, una consecuencia de la descomposición de la democracia, incluso en países históricamente vinculados a la Ilustración y al ideal republicano.

Fomentar la participación de los ciudadanos en los debates públicos constituye una primera respuesta a la crisis de legitimidad de la democracia, que permite evitar tanto el autoritarismo como el populismo. En lugar de imponer decisiones bajo el presupuesto de que los ciudadanos son incapaces de comprender la com plejidad de los problemas, o de jugar la carta de la identificación con los electores para avivar la ira social y exacerbar las tensiones identitarias, se trata de confiar en la capacidad de los ciudadanos para formular normas que puedan ser pertinentes a escala colectiva. Esta cultura política, que implica creer en la inteligencia colectiva, requiere cierta organización, ya que depende de procedimientos participativos. Estos, tal y como se ha observado en Francia con ocasión de la Convención Ciudadana por el Clima, muestran que los individuos tienen opiniones fundamentadas y que son capaces de superar sus prejuicios o sus reflejos corporativistas tan pronto como se les pone en situación de reflexionar sobre aquello que puede tener sentido a nivel colectivo, se les da acceso a información de calidad y se promueven debates contradictorios con total transparencia.

Este esfuerzo por ampliar la participación de la población en las decisiones políticas debe renovarse de forma constante, ya que cada vez afecta únicamente a un ámbito específico y solo implica a un número limitado de personas seleccionadas por sorteo. También debe ir acompañado de acciones más generales encaminadas a garantizar el buen funcionamiento de las instituciones democráticas. Esto requiere un grado elevado de transparencia en la acción pública, tanto en la toma de decisiones como en la gestión financiera, la lucha contra la corrupción y el respeto de los derechos humanos en todos los sectores y para todas las personas, independientemente de su situación, estatus, género, edad, confesión, país de origen e incluso de sus actos pasados. Finalmente, dado que las desigualdades sociales y económicas, junto con el deterioro de los servicios públicos, constituyen las principales causas de la fractura social y del sentimiento de desclasamiento y abandono que experimenta una parte significativa de la población, resultan indispensables medidas concretas que favorezcan un acceso más equitativo a la educación, la salud, el empleo y la justicia, así como la lucha contra las discriminaciones ligadas al género y al origen social y étnico.

Aunque estos principios son ampliamente aceptados y considerados esenciales para el adecuado funcionamiento de una democracia, su aplicación dista mucho de ser evidente. De ahí que los órganos encargados de velar por su cumplimiento —como la Comisión Nacional de los Derechos Humanos— resulten imprescindibles, y que sus propuestas legislativas deban inspirar a las instancias políticas para llevar a cabo las reformas necesarias en ámbitos como la sanidad, el sistema penitenciario, las violencias contra las mujeres y los niños, entre otros. Asimismo, resulta urgente, en Francia, una reforma constitucional con el fin de limitar el poder presidencial y transferir un conjunto de competencias esenciales a las asambleas de representantes electos. De hecho, en la hipótesis de que un líder extremista accediera a la cumbre del Estado, en las condiciones actuales estaríamos expuestos a peligros frente a los cuales no disponemos de suficientes guardarraíles sólidos.

Los daños considerables sufridos por niños, adolescentes y adultos víctimas de violaciones y agresiones sexuales son hoy, por fin, reconocidos, y los autores de estos crímenes son desenmascarados y sancionados con mayor frecuencia. También se empieza a hablar del sometimiento en el seno de la pareja y la familia. En Francia, la ley del 30 de julio de 2020 que protege a las víctimas de violencia conyugal incluye el concepto de sometimiento. Sin embargo, en el ámbito profesional, y especialmente en la vida política, las violencias ejercidas por personalidades narcisistas y dominantes que se infiltran en instituciones y organizaciones diversas rara vez son denunciadas y, en la mayoría de casos, no se toman en serio. Ahora bien, mientras el caos provocado por formaciones políticas que envenenan las instituciones y degradan la democracia siga siendo un tabú, no estaremos en condiciones de protegernos frente al riesgo mayor que representa la llegada de la extrema derecha al poder.

Para contrarrestar a los profetas del engaño y evitar que núcleos perversos desvíen el funcionamiento de las instituciones democráticas, resulta indispensable identificar las patologías de la dominación y comprender el modo en que operan quienes buscan conquistar el poder ejerciendo el sometimiento sobre la población. Ya sea en el ámbito de la pareja, del trabajo o de la política, la estrategia de toma del poder por parte de personalidades narcisistas y dominadoras pasa siempre por una fase inicial de seducción. Adoptar una actitud de alerta desde esa primera etapa e instaurar barreras de protección se revela como una necesidad.

También cabe preguntarse por qué, en las sociedades actuales, los individuos narcisistas y manipuladores ocupan con frecuencia puestos de responsabilidad. ¿Son el reflejo de esas sociedades, como si su patología y su desmesura fuesen la exacerbación de nuestros propios vicios? Todo indica que, hoy en día, saber actuar con moderación en la relación con los demás, con el dinero y con el poder es casi un obstáculo. Resulta evidente que, al exaltar el desempeño y el dominio tanto de uno mismo como de los otros, nuestra sociedad contribuye escasamente a que los individuos acepten sus propios límites y atraviesen sus emociones negativas. Por el contrario, los incita a reprimir su sentimiento de vulnerabilidad y a sobrevalorarse; la dominación se convierte así en una forma de adaptación perversa frente a las pérdidas, y la agresividad en un modo de proyectar sobre el otro el propio miedo al abandono y al desclasamiento, evacuando así el sentimiento de impotencia y transformándolo en ilusión de omnipotencia.

Estas cuestiones se abordan con demasiada poca frecuencia. No obstante, si la democracia presupone el deseo de convivir y de constituirse en un pueblo capaz de afirmar su potencia y de controlar las instancias jerárquicas, resulta necesario comprender qué vincula el psiquismo con las estructuras sociales, la subjetividad con la política. Fundada en la dominación —que implica siempre una triple dominación: social y de la naturaleza tanto exterior como interior—, nuestra sociedad acostumbra a cada individuo, desde la infancia más temprana, a situarse en una posición de superioridad y a ejercer control sobre los demás y sobre la naturaleza, es decir, a manipular y explotar. Uno se piensa a sí mismo en oposición a los otros, como si todo se redujera a la polaridad yo/no-yo. No sorprende, por tanto, que las relaciones humanas, el trabajo, la política y la economía se conciban únicamente en términos de competencia, que nuestra relación con la naturaleza sea de depredación y que los demás vivientes sean cosificados. El Esquema de la dominación, que estructura las formas sociales y económicas, coloniza nuestro imaginario, impregnando nuestra vida pulsional y las capas más arcaicas de nuestro psiquismo. Los individuos, al reprimir su propia naturaleza, aborrecer su vulnerabilidad y rechazar formar parte de una comunidad que incluya a seres distintos de ellos, no pueden respetar el medio ambiente, los animales ni tampoco establecer vínculos saludables con los demás. No podrá remediarse la deshumanización ni la destrucción de la democracia mientras los ciudadanos no accedan a un nivel de conciencia que los haga menos vulnerables al mal y más resilientes. Esa madurez psíquica, que implica sentido de la mesura y aceptación de los propios límites, exige un cambio de esquema.

Las estructuras sociales y económicas, al igual que el psiquismo, están interrelacionadas y se refuerzan mutuamente dentro de un mismo esquema. En una sociedad caracterizada por la competición, y que por ello genera exclusión, los individuos viven bajo la mirada de los otros, a quienes odian sin siquiera conocerlos, ya sea por envidia o por desprecio. El amor propio —que, como señala Jean-Jacques Rousseau, constituye una perversión del amor de sí mismo— imposibilita cualquier relación armónica con los demás. Sofoca la compasión y extingue el sentido de la justicia, condición que, según John Rawls, era indispensable para el éxito de su proyecto, orientado hacia un liberalismo igualitario y un estado del bienestar. No debe sorprendernos, por tanto, que una sociedad regida por el Esquema de la dominación, y por el tipo de pasiones que este alimenta, ensalce a individuos que reprimen su sentimiento de vulnerabilidad y viven en la ilusión de la omnipotencia. Sin embargo, estas personalidades narcisistas están más dotadas para conquistar el poder que para ejercerlo, pues no saben gobernarse a sí mismas ni gobernar a los demás.

Esta reflexión sobre el gobierno de uno mismo y de los otros, que se remonta a Platón,[12] debe ser actualizada si queremos cuidar la democracia y señalar aquellas

---

12 Platón, *Primer Alcibíades* y *Apología de Sócrates*. Cf. C. Pelluchon, *Ética de la consideración, op. cit.*, pp. 60-67.

disposiciones morales que permitan preservarla. Respetar a los adversarios, saber limitar el uso del poder para no bloquear sistemáticamente las decisiones con el único fin de desacreditar al gobierno, aceptar la derrota electoral o abstenerse de invectivas y de críticas dirigidas al aspecto físico o al estilo de los demás constituyen un conjunto de reglas tácitas de la vida democrática a las que los representantes deben someterse. Del mismo modo, la democracia no puede funcionar sin la adhesión de la ciudadanía a sus principios fundamentales.

Uno no se emancipa de golpe de los esquemas de pensamiento ni de las formas de ser profundamente arraigadas en una sociedad. El Esquema de la dominación no se derroca como a un monarca, sino que su sometimiento se debilita de forma paulatina. Ocurre tanto de manera visible como subterránea, a través de los movimientos colectivos y de la transformación interior de los individuos. Esta última se manifiesta en un movimiento de subjetivación que conduce a una mayor autenticidad y al deseo de liberarse de un modelo alienante, así como en un proceso de individuación que pasa por ampliar el ámbito de la propia consideración, reforzar el sentido de pertenencia al mundo común y fortalecer los vínculos con los demás.

El conformismo social y la posesión de virtudes entendidas en el sentido banal del término como cualidades opuestas a los vicios no bastan para transformar el modo de ser de nuestra libertad. Es mediante la autonomía moral, lo que Ricœur denomina «atestación», como puede alcanzarse cierta estabilidad y liberarse de esquemas y formas de ser que se sabe bien que comprometen la posibilidad de ser feliz y de vivir en armonía con los demás.[13] La atestación designa el hecho de afirmar en qué creo y responder por ello ante los otros; permite ser uno mismo, y no un yo cualquiera, y decir: «Aquí estoy». El testimonio de una forma de autoestima vinculada a la aspiración a una vida buena surge de una reconfiguración de la identidad, desencadenada por crisis individuales o colectivas, o al menos por la confrontación con los otros y la puesta a prueba de uno mismo en el trabajo y en la vida social. La aspiración a la vida buena y la autoestima no se oponen ni a la solicitud hacia los demás ni a la justicia, y la atestación constituye la condición para poder abrirse a los otros y hacerles sitio, en lugar de buscar someterlos. Sin embargo, más allá de la autonomía moral, es nuestra relación con lo inconmensurable —aquello que desborda y excede nuestra existencia— lo que permite ahondar tanto en la relación con nosotros mismos como con los demás, transformando al mismo tiempo el modo de ser de nuestra libertad y el horizonte de lo político.

La transdescendencia, al abrirme a la experiencia de mi pertenencia a un mundo común más antiguo y más vasto que yo, supone la condición de la consideración.[14] Modifica mis representaciones, aquello a lo que concedo valor, así como mis afectos y mi comportamiento. El proceso de profundización en el conoci-

13 P. Ricœur, *Sí mismo como otro*, Madrid, Siglo XXI, 2006, p. 342. Ricœur recuerda que en alemán la atestación se denomina *Bezeugung*, término que está emparentado con el de «testigo» *(Zeuge)* y con el de «convicción» *(Überzeugung)*.

14 C. Pelluchon, *Ética de la consideración, op. cit.*, pp. 123-127.

miento de uno mismo como ser engendrado, vulnerable y mortal, que vive del agua, del aire, del pan, de las relaciones y del trabajo, permite al individuo percibir lo que lo une a los demás, tanto humanos como no humanos. La conciencia de su pertenencia al mundo común —formado por el conjunto de las generaciones y por el patrimonio tanto natural como cultural— deja de ser un saber abstracto para convertirse en una evidencia que transforma su relación consigo mismo, con los otros y con el mundo. El individuo comprende mejor su lugar en la sociedad al situarse dentro de un conjunto del que no es más que una parte. Toma conciencia de su pequeñez y del carácter efímero de su existencia, pero comprende también que su vida posee un sentido que trasciende su presente inmediato, así como una profundidad, pues está atravesada —hacia el pasado y hacia el futuro— por los otros, por las generaciones que lo precedieron y por las que lo sucederán, y que el mundo que lo acoge al nacer perdurará más allá de su muerte individual.

La importancia que hoy se concede a la ecología, la cual implica el reconocimiento de la interdependencia entre los vivientes, da testimonio de esta ampliación de la subjetividad. Se trata de una revolución antropológica en la medida en que destituye el antropocentrismo y promueve una relación menos instrumental tanto con la naturaleza como con los demás. Aunque los cambios estructurales que deberían derivarse de esta toma de conciencia siguen sin materializarse, la preocupación ecológica refleja una impugnación del Esquema de la dominación. Al oponerse al extractivismo y a una actitud de depredación destructiva en todos los planos, la ecología expresa también el anhelo de establecer vínculos con los otros, tanto humanos como no humanos, que sean más saludables, más ricos y más justos.

Aunque el mundo común incluye a toda la humanidad, a los demás vivientes y a la naturaleza, remite ante todo a la comunidad política de la que cada persona depende. Haber nacido en una sociedad determinada, con sus tradiciones, sus fortalezas y sus debilidades, y haber sido educado, sostenido e influido por los seres, vivos y muertos, que la han constituido, implica que nuestra existencia no se reduce a una dimensión meramente individual. También supone que tenemos la responsabilidad de transmitir un mundo habitable y unas instituciones justas que garanticen a nuestros contemporáneos y a las generaciones futuras una vida digna. «Vivir» es «vivir de», «vivir con» y «vivir para»; significa tener como horizonte ese mundo común que debe ser preservado y renovado, y asumir el cuidado de la sociedad en la que habitamos. Este es el sentido de la consideración, cuyo primer nivel es la convivencia.

La convivencia implica inscribirse en una sociedad preguntándose qué puede hacerse, desde la propia situación, preferencias y talentos, para vivir bien —o como mínimo lo menos mal posible— con los demás, en el seno de instituciones justas y no humillantes. Este es el fundamento de la ciudadanía. En su grado más elevado, la consideración trasciende la comunidad política y los intereses exclusivamente humanos. No obstante, la convivencia también se sustenta en nuestra relación con lo inconmensurable, en la experiencia que tenemos aquí y ahora de aquello que constituye y desborda nuestra existencia. Si la convivencia expresa la solidaridad entre seres humanos, el amor por el mundo común —hacia el que conduce la consideración en su plenitud— subraya la profundidad de la ecología y la necesidad de promover una justicia más amplia hacia todos los seres, en particular hacia los animales, cuyo florecimiento se convierte en parte del propio florecimiento individual y cuyo sufrimiento representa un motivo abismal, una herida abierta.

Hannah Arendt afirma que una política que ignora ese horizonte que es el mundo común resulta superficial.[15] Del mismo modo, cabe afirmar que la conciencia ecológica, cuando no va acompañada de una transformación de la subjetividad y de la revolución antropológica que implica la consideración, carece de profundidad. No es posible, sin este cambio en el modo de ser de la libertad, resistir la tentación de dominar a la naturaleza y a los otros ni reconocer la pertinencia de un proyecto democrático y ecológico.

Pero ¿cómo pueden la consideración y la convivencia difundirse a escala social y convertirse en el clima dominante? Es preciso reconocer que, en la actualidad, nada parece capaz de frenar la dinámica autoritaria que se apodera de la mayoría de las democracias. La convivialidad puede darse en el ámbito local, pero la fragmentación de la sociedad, que alimenta divisiones y tensiones identitarias, no deja de intensificarse. Aquello

15 H. Arendt, *La condición humana*, Barcelona, Paidós, 2020, p. 76.

que refleja un progreso en la conciencia puede quedar ampliamente eclipsado al transitar de la vida privada a la vida política, del intercambio intelectual al voto. De ahí que algunas personas, plenamente convencidas —y con razón— de la urgencia de ciertas transformaciones económicas y sociales, puedan perder toda mesura al expresarse en el espacio público. O bien que se sientan tan desalentadas por la falta de cambios reales que se replieguen sobre sí mismas y abandonen todo compromiso político. El desfase constatado entre la opinión pública y los representantes o cuerpos intermedios supuestamente encargados de traducirla y formarla subraya también la responsabilidad de los medios de comunicación. Estos constituyen un sistema de mediaciones que permite conocer la acción de los representantes, modela la opinión pública y afecta a la manera en que los individuos ejercen su ciudadanía, votan y presionan a los poderes públicos. Nutren las representaciones de los ciudadanos, sus discursos sobre el mundo y generan afectos que impregnan el núcleo de su experiencia. En otras palabras: son un alimento.

La democracia acoge la competencia entre proyectos políticos y la pluralidad de puntos de vista. El pluralismo político, que se fundamenta —como mostró Hannah Arendt— en la singularidad de cada ser engendrado, en la imprevisibilidad que encarna todo recién nacido y en su capacidad para renovar el mundo, es constitutivo de la democracia. Esta se nutre de la potencia de lo femenino, inseparable de la apuesta por defender la libertad y la vida de cada persona, a quien conviene recordarle que ella misma es promesa de renovación del mundo común. Pues solo así puede desplegar lo mejor de sí en lugar de vivir en la frustración y guardar rencor al mundo por no parecerse al modelo o al ideal que se había forjado. La democracia requiere amistad política *(philia politikè)*, es decir, un respeto recíproco basado en una igualdad esencial y en el deseo de «diferir juntos, explorar juntos nuestras diferencias».[16] Debemos ser capaces de hablar un lenguaje común, comprendernos y debatir, antes que buscar imponer nuestro punto de vista aplastando al adversario y considerándolo un enemigo. Dialogar no significa borrar nuestras divergencias, sino utilizarlas para construir acuerdos que no habríamos imaginado sin la confrontación con el otro. Tales acuerdos suponen que aceptemos ver nuestros desacuerdos y que identifiquemos, a pesar de las oposiciones, vías de acción constructivas.

El rechazo del dogmatismo y el escepticismo propios de la democracia son expresión de la aceptación de la indeterminación del sentido y de nuestra incapacidad para aprehender la totalidad o acceder a lo absoluto. Sin embargo, no deberían desembocar en el relativismo, en una mera exposición de puntos de vista, en su yuxtaposición ni en su equiparación. Pues, si bien las perspectivas son diferentes, e incluso opuestas, cada una levanta un velo sobre el mundo, que, no obstante, es uno solo. Las formas de percibir la situación presente, de rememorar el pasado y de imaginar el porvenir son diversas,

---

16 H. Arendt, *Hombres en tiempos de oscuridad*, Barcelona, Gedisa, 2017. Citado por O. Abel, *De l'humiliation. Le nouveau poison de notre société*, París, LLL, 2022, p. 87.

pero existe un único mundo, semejante a un bosque, que reviste para cada uno de sus habitantes un sentido distinto, según se lo considere como una fuente de madera, un espacio recreativo para pasear, un lugar poblado de criaturas fantásticas o según se sea un corzo, un zorro, un insecto o un pájaro.[17] Es esta unicidad del mundo y esta diversidad de perspectivas lo que conviene valorar, abriéndose a los resultados inesperados que genera la mezcla de puntos de vista y de culturas.

La fenomenología exige que cada uno vuelva a la manera en que lo real se le presenta en lugar de imaginar que sus representaciones son un calco de la realidad y de adoptar un punto de vista dominante y totalizador sobre el mundo. De forma análoga, en una sociedad democrática, los ciudadanos deben tomar conciencia de sus marcos de análisis y estar dispuestos a explorar otros puntos de vista, con el fin de arrojar luz sobre aspectos de la realidad que no sospechaban o que no sabían cómo describir. Esto implica que los canales de información, intercambio y comunicación deben mostrar la pluralidad de perspectivas posibles sobre el mundo más que limitarse a transmitir los resultados de los análisis y privilegiar las confrontaciones entre sujetos. El papel de las mediaciones culturales consiste en acompañar este ejercicio de reflexividad, redirigiendo la atención del público hacia los actos de conciencia, la intención de significación o el propósito que anima

---

17 Se reconoce aquí la imagen del bosque utilizada por Jakob von Uexküll en *Andanzas por los mundos circundantes de los animales y los hombres,* Buenos Aires, Cactus, 2016, pp. 147-153.

a los distintos actores que se expresan en el espacio público, y subrayando además la unicidad del mundo, del cual cada interpretación no es sino un fragmento.

En el espacio público y en los medios de comunicación, la búsqueda de la verdad no debe ser abandonada bajo el pretexto de que dicho objetivo sería inalcanzable o estaría desvinculado de las preocupaciones de la mayoría. Este abandono denota un menosprecio hacia la ciudadanía, ya que la necesidad de verdad es, como afirma Simone Weil, una necesidad sagrada del alma humana, que debe protegerse frente a la sugestión y el error.[18] Además, no puede obviarse que la polarización de las líneas editoriales y la concentración en la política espectáculo y en el entretenimiento derivan del modo de financiación y de organización de los medios. Estos dependen de grupos cuyos intereses promueven, así fomentan una lógica de consumo masivo e incluso generan una forma de adoctrinamiento.[19]

En *Los guardianes de la libertad*, Noam Chomsky y Edward S. Herman demuestran —tomando como ejemplo, entre otros, la guerra de Vietnam— que la información está filtrada y sesgada, y que la cobertura mediática de los acontecimientos en Estados Unidos, ya se trate de asesinatos o de golpes de Estado, responde a los intereses geopolíticos estadounidenses. Los autores explican además que los grandes grupos de prensa, al mantener más vínculos entre sí que con los

18 S. Weil, *Echar raíces*, Madrid, Trotta, 2016, pp. 46-48.

19 E.S. Herman y N. Chomsky, *Los guardianes de la libertad,* Barcelona, Austral, 2022.

distintos actores sociales, tienden a reproducir los mismos debates, invitar a las mismas personas y practicar el *rewriting*. Sin ánimo de generalizar este análisis, no deja de preocupar el hecho de que, en la actualidad, numerosos periódicos y cadenas de televisión estén siendo adquiridos por magnates próximos a la extrema derecha. Aunque la televisión, la radio y la prensa siguen ofreciendo programas de calidad, cabe reconocer que, en la mayoría de los casos, ya no desempeñan el papel de mediadoras que ejercieron durante décadas, especialmente tras la Segunda Guerra Mundial, cuando muchos periódicos fueron fundados con la voluntad de reforzar la democracia y acompañar a los ciudadanos en su búsqueda de libertad.

La aparición de las redes sociales, hace más de veinte años, ha transformado sin duda nuestra manera de informarnos y comunicarnos. Son muchos quienes solo interactúan con personas afines o que piensan como ellos, lo que refuerza su visión del mundo y puede llevarlos a difundir informaciones infundadas. Esta situación acrecienta aún más la responsabilidad de los medios de comunicación, cuya misión principal es contribuir a la formación del juicio de los ciudadanos y nutrir el alma humana, sosteniendo asimismo su deseo de convivir. En efecto, cuando se pierde de vista que la necesidad de verdad constituye el horizonte y la razón de ser de los medios, estos dejan de ser un alimento fortalecedor y un espacio de resistencia y convivencia para convertirse en objetos de consumo sometidos a una lógica de rentabilidad que fomenta la ceguera, el conformismo y la propaganda.

Decidir el contenido de un programa o de un artículo en función de lo que se supone que espera el público es instrumentalizar los medios de comunicación del mismo modo que se instrumentaliza la justicia cuando se la reduce a la suma de opiniones o de intereses individuales. Jamás se habría abolido la pena de muerte en Francia si el legislador se hubiera guiado por referéndums o encuestas de opinión de la época, ya que su abolición no responde al deseo de venganza, sino a un ideal de justicia. Del mismo modo que el pensamiento es, para Platón, un diálogo del alma consigo misma —como lo pone de relieve la estructura dialógica de la interrogación socrática—, también la justicia y la institución del bien común requieren una elaboración que no puede nacer de la simple consulta de opiniones ni de la reacción ante determinados sucesos. La atención al sentido de las palabras, la literatura, la filosofía, la historia y el estudio de los símbolos no son solo guardarraíles que ayudan a los individuos a desprenderse de sus prejuicios y a desarrollar su espíritu crítico; también les permiten acceder a su propio pensamiento y elevarse. Dado que no tenemos acceso a la verdad en su totalidad, y que el sentido que podemos atribuir a las cosas, la pertinencia y la validez de nuestras decisiones, sobre todo colectivas, surgen de un trabajo reflexivo y de la confrontación entre interpretaciones, la democracia es inseparable de la hermenéutica. Necesita mediaciones y nutrientes que hagan posible una hermenéutica de sí, que concierne tanto a los sujetos individuales en su búsqueda de sentido como al pueblo. No hay derecho a que se les dé de comer algo falso.[20] Porque, si bien la libertad de pensamiento es fundamental, no se puede ignorar que ciertas formas de hablar y ciertas informaciones tendenciosas son verdaderos venenos.[21]

Hemos visto que en política resulta más fácil explotar el malestar social que reflexionar sobre sus causas objetivas y proponer soluciones adecuadas. De forma similar, para ampliar su audiencia, los medios de comunicación se ven tentados a apelar a las frustraciones de los individuos, a avivar su ira o a distraerlos desviando su atención de sí mismos, cuando no sumiéndolos en la negación de la realidad. Esta facilidad, que revela una subordinación completa a la lógica del mercado, pasa por alto la complejidad del ser humano y su ambivalencia. De hecho, que los espectáculos que muestran violencia y pornografía atraigan a un público amplio no significa que los espectadores deseen vivir en un mundo en el que la violencia campe a sus anchas o donde las relaciones sexuales se asemejen a escenas pornográficas. Kant, cuando habla de una propensión al mal *(Hang zum Bösen)* y de una disposición al bien *(Anlage zum Guten)*, quiere decir

20 Esta expresión es de Simone Weil, quien la utiliza para referirse a las personas que pasan su tiempo leyendo. Véase *Echar raíces, op. cit.*, p. 46.

21 *Ibid.*, p. 49. Simone Weil va aún más lejos, pues recomienda crear tribunales que prohíban toda forma de propaganda a través de la radio y la prensa, corrijan afirmaciones erróneas y subsanen las omisiones voluntarias y tendenciosas, y afirma que esto no constituiría una vulneración de las libertades públicas.

que el mal resulta más tentador que el bien, e incluso puede ejercer cierta fascinación, aunque nos aleje de nosotros mismos; en cambio, el bien, al que solo se accede con mayor dificultad porque exige atención, nos reconcilia con nuestro yo profundo y nos procura una sensación de realización y plenitud.[22] Como resultado, los debates superficiales que exhiben a personalidades narcisistas enfrentadas en polémicas interminables dejan al público insatisfecho y desalentado, ofrecen una imagen empobrecida de la vida intelectual y política, y no responden a su necesidad de verdad y sinceridad.

Todas las mediaciones que consideramos como nutrientes tanto para los individuos como para la sociedad —la escuela, los debates públicos, la cultura y los medios de comunicación— desempeñan un papel cuya importancia es aún mayor si tenemos en cuenta que la democracia se caracteriza por la tensión entre la *potentia* y la *potestas*, es decir, entre el poder instituyente y la dominación. Los ciudadanos pueden constituirse como un pueblo capaz de instituir el bien común y de velar por el buen funcionamiento de la democracia solo cuando son capaces de ejercer su juicio y de alimentar la convivencia. Cuando se satisface su necesidad sagrada de verdad, en lugar de avivar su ira e incitarlos a descargar su agresividad sobre objetivos que encarnan una parte de sí mismos que reprimen, cabe esperar que puedan avanzar en un desarrollo moral

22 I. Kant, *La religión dentro de los límites de la mera razón*, Madrid, Alianza, 2016, pp. 54-74.

y psíquico que les permita identificar a los profetas del engaño y liberarse de su sometimiento. De este modo, podrán establecer relaciones saludables con los demás y concebir proyectos tanto individuales como colectivos que respondan a los desafíos de nuestro tiempo.

POLÍTICA DE LA CONSIDERACIÓN

A una colectividad […] no se le debe respeto por sí misma, sino como alimento de cierto número de almas. […] El primer estudio a realizar es el de las necesidades que son a la vida del alma lo que las necesidades de alimento, de sueño y de calor son a la vida del cuerpo. Hay que intentar enumerarlas y definirlas. […] También hay que distinguir los alimentos del alma de los venenos que, durante algún tiempo, pueden parecer que sustituyen al alimento.

SIMONE WEIL, *Echar raíces*

La consideración ahonda en la conciencia de nuestra interdependencia y de nuestra conexión con los demás vivientes, pero también nos confronta con la experiencia de nuestra soledad y con el carácter efímero de nuestra existencia. La ampliación del ámbito de la consideración, en efecto, es inseparable de la aceptación, por parte del sujeto, de sus propios límites y de su condición mortal. Este doble movimiento posibilita la moderación y la contención, entendidas como la capacidad de invertir parte de la propia potencia en contenerla en lugar de aspirar a ocupar todo el espacio o apropiarse de todas las riquezas. Esta facultad de autolimitación y el sentido de la mesura que la acompaña resultan decisivos en nuestras interacciones con los demás y constituyen la condición de la sobriedad. De este modo, la consideración no posee únicamente una dimensión ética, sino que también conlleva un alcance político. Es precisamente porque se fundamenta en la idea de límite que puede erigirse en la base de un proyecto colectivo que tenga en cuenta nuestra exposición compartida a riesgos medioambientales y sanitarios graves y que cree las condiciones de una sociedad no humillante en la que cada cual pueda encontrar su lugar.

La consideración no supedita nuestra capacidad de reducir la huella ecológica a una conciencia cósmica. Si bien se origina en la experiencia carnal de nuestra inmersión en el mundo común, se distingue de todo holismo porque no niega la separación de las conciencias ni la especificidad del ser humano. Este último experimenta una extrañeza tanto respecto de sí mismo como del mundo debido a su contingencia, y debe conferir un sentido a su existencia mediante sus actos, pues dicha existencia, de antemano, carece de sentido. El vínculo entre contingencia y libertad subraya la importancia de la responsabilidad y constituye, asimismo, el fundamento de la democracia. Al abrirnos a lo infinito y a la solidaridad con los demás vivientes, la transdescendencia nos confronta simultáneamente con nuestro desamparo y con la ambivalencia de nuestra condición: su carácter sublime, que nos impulsa a superarnos, y su dimensión oscura o destructiva.

El fundamento filosófico de una política de la consideración que pueda oponerse al Esquema de la dominación y propiciar una sociedad madura, en la que cada uno desarrolle el sentido de la mesura, es el existencialismo ecológico.[1] Este enfoque, como veremos a continuación, exige que miremos de frente la precariedad y la ambigüedad de nuestra condición e incluso que superemos la negación de la muerte.

No basta con reconocer nuestros vínculos con los demás vivientes para fundamentar una política de la sobriedad. La reconexión con la naturaleza constituye un elemento esencial de la conciencia ecológica, pero, para lograr un cambio de modelo de desarrollo, es preciso asumir que ya hemos sobrepasado los límites planetarios. Las transformaciones requeridas en nuestros modos de producción y de consumo implican renuncias que deben ser objeto de deliberación democrática con el fin de establecer un orden de prioridades. Esta situación requiere emprender sin demora un inventario que permita determinar qué valoramos y qué estamos dispuestos a abandonar. Sin embargo, en la práctica, los gobiernos posponen las medidas necesarias o simplemente yuxtaponen las preocupaciones medioambientales a las cuestiones relativas a las libertades, la seguridad y la justicia. Esta inercia favorece la creencia de que es posible seguir produciendo, consumiendo y viviendo como si los recursos fueran inagotables.

1 C. Pelluchon, *L'être et la mer. Pour un existentialisme écologique*, París, PUF, 2024 [trad. cast.: *El ser y el mar,* Barcelona, Herder, en prensa].

Si se consideran seriamente, las limitaciones impuestas por el cambio climático y la erosión de la biodiversidad exigen decisiones reflexivas que respondan tanto a nuestras necesidades esenciales como a nuestras aspiraciones profundas. Ello supone interrogar nuestros estilos de vida y nuestras prácticas, preguntándonos si expresan nuestra autonomía o si son producto de la costumbre, de las convenciones y del *marketing,* es decir, de un modelo económico que, con frecuencia, resulta alienante, promueve la competencia permanente y alimenta la envidia y la insatisfacción. El estrechamiento del campo de lo posible y la contracción del tiempo provocada por la urgencia indican que hemos entrado colectivamente, como advirtió Günther Anders, en el tiempo del fin y en el plazo:[2] una catástrofe capaz de causar pérdidas irreversibles puede producirse en cualquier momento, y el tiempo del que disponemos para evitar el colapso o mitigar sus efectos es limitado.

Lo que está en juego en esta toma de conciencia no se reduce a una cuestión ecológica, sino que también condiciona nuestra capacidad para preservar la democracia. En efecto, solo si decidimos colectivamente qué renuncias pueden ser aceptables y compartibles, y si renegociamos desde ahora el orden de prioridades, podremos evitar que decisiones derivadas de relaciones de fuerza favorables a los más ricos y poderosos impongan

2 G. Anders, *El tiempo del fin*, Madrid, Alma Negra, 2025, p. 106; «El plazo», en *La amenaza atómica. Reflexiones radicales sobre la era atómica,* Valencia, Pre-Textos, 2025. Véanse también los análisis de B. Villalba, *Politiques de sobriété*, París, Le Pommier, 2023, pp. 109-112.

en el futuro sacrificios inequitativos a las poblaciones, que podrían reaccionar rechazando la ecología y acercándose a partidos de extrema derecha. Ahora bien, este proceso solo será viable si aceptamos que el colapso ya ha comenzado. Dicho de otro modo, una política de la consideración exige asumir tanto la finitud del planeta como nuestra propia finitud.

Sin embargo, la perspectiva de nuestra propia muerte genera un sentimiento de terror que explica que adoptemos actitudes evasivas y de negación. Sucede lo mismo con el temor frente a las catástrofes climáticas. Para evitar pensar en la muerte, que implica la destrucción de nuestra individualidad, así como para protegernos del colapso psíquico que conlleva la toma de conciencia del callejón sin salida al que nos conduce nuestro modelo de desarrollo, recurrimos a estrategias de defensa.[3] Estas tienen como finalidad reprimir el terror a la muerte y el sentimiento de abandono que lo acompaña. Sin embargo, el coste de dicha negación es colosal. Para ocultar el sentimiento de impotencia y de insignificancia que suscita la certeza de nuestra desaparición, nos sumimos en el presentismo, consumimos de forma frenética y saturamos nuestra agenda de actividades que nos alejan de nosotros mismos y alimentan la ilusión de disponer de un tiempo ilimitado. Desperdiciamos el tiempo o lo ocupamos con trivialidades en lugar de centrarnos en aquello que verdaderamente

---

3 E. Becker, *La negación de la muerte,* Barcelona, Kairós, 2003, pp. 350-355. En *L'être et la mer, op. cit.,* dedicamos la segunda parte —en particular, las páginas 124-136— a la negación de la muerte, sus consecuencias y la necesidad actual de superarla.

valoramos. La desmesura, la *hibris*, la dominación de los demás y de la naturaleza, y, en general, las conductas de omnipotencia encuentran su origen en el terror a la muerte y en la represión de dicho terror.

La negación de la muerte se encuentra también en el corazón del narcisismo. Ya se ha observado que la agresividad y la sed de dominación que caracterizan a los individuos narcisistas proceden de su incapacidad para elaborar el duelo de la omnipotencia; reprimen su sentimiento de vulnerabilidad mediante una sobrevaloración de sí mismos en detrimento de los demás. La angustia de no ser nada y la necesidad desesperada de sentirse importantes conducen igualmente a individuos, ricos o pobres, a seguir a líderes nacionalistas capaces de persuadirlos de su superioridad frente al resto de la humanidad. Por último, la convicción de que las tecnologías resolverán los problemas derivados de las crisis ecológicas y la idea de que serán otros quienes sufran las hambrunas y la degradación medioambiental también forman parte de la negación de la muerte.

Del mismo modo que las políticas públicas responsables requieren tener en cuenta los límites planetarios y asumir la realidad del colapso, el pleno desarrollo moral y psíquico de los individuos exige superar la negación de la muerte, pues esta los conduce a adoptar comportamientos contrarios a sus propios intereses. Ello implica enfrentarse a la angustia, un afecto poderoso que inunda toda la psique, y atravesarla, a pesar de que la reacción más común sea inhibirla. Así como la interiorización de la propia muerte sacude al individuo hasta los cimientos, la toma de conciencia de la realidad del colapso hace que los pueblos pierdan los referentes, particularmente en Occidente. Ciertamente el modelo de desarrollo que fue fuente de prosperidad se revela hoy como destructor. Por todas estas razones, el pensamiento de la muerte y el reconocimiento de la precariedad de nuestra civilización desencadenan primero, y en la mayoría de los casos, una reacción defensiva. Se comprende entonces por qué la multiplicación de informaciones relativas a la gravedad del calentamiento global, lejos de popularizar la causa ecológica, puede favorecer su negación: ya sea en forma de escepticismo climático, indiferencia, minimización de los riesgos, fe en un milagro tecnológico o adhesión a políticas identitarias que trasladan la responsabilidad de nuestro malestar a determinadas poblaciones.

Las catástrofes climáticas y el apocalipsis nuclear pueden hacer desaparecer el mundo común, destruir el patrimonio natural y cultural e impedir el nacimiento de seres humanos y no humanos.[4] Reconocer que tales catástrofes son posibles constituye un cataclismo. Tomamos conciencia de que nuestros hábitats y nuestras ciudades pueden desvanecerse, de que nuestras instituciones difícilmente resistirán ante una situación de caos prolongado y de que nuestras obras y nuestra cultura son efímeras. El ideal de un progreso o una mejora continua posibilitada por los avances tecnológicos y el saber científico queda desacreditado. Todo

---

4 J. Schell, *El destino de la tierra*, Barcelona, Argos Vergara, 1982, p. 177.

aquello en lo que se depositaba la confianza, y que también permitía configurar el porvenir y proyectarse hacia el futuro, se derrumba.

A la angustia ante la muerte se suman la culpa y la vergüenza. Experimentamos la sensación de ser colectivamente delincuentes: la biodiversidad se desploma como resultado de nuestro extractivismo desenfrenado, que depreda toda forma de vida, e imponemos a los animales condiciones de vida y de muerte atroces para poder alimentarnos. Hemos heredado de nuestros antepasados un confort material y unas instituciones que han contribuido a nuestra realización, pero sabemos que las generaciones futuras deberán asumir las consecuencias de nuestra inercia y de nuestra ceguera. Nuestra incapacidad para reorientar la economía las obligará a afrontar el pago de una deuda colosal y a sufragar los daños ocasionados por la proliferación de fenómenos climáticos extremos, la sumersión de ciudades enteras y la creciente escasez de recursos, incluido el agua. Todo ello señala nuestra falibilidad y la de nuestra civilización. La tentación de apartar la mirada de aquello que nos duele, de negar lo que sabemos, sin embargo, o de designar culpables que nos permitan canalizar la angustia, reprimir el sentimiento de impotencia y descargar nuestra agresividad —derivada también de la ira que provoca esta situación— es muy fuerte.

Finalmente, en las sociedades occidentales contemporáneas, el terror a la muerte ya casi nunca se ve acompañado ni compensado por la fe que, en otro tiempo, acogía el sentimiento de desamparo humano, al conferir un sentido a la existencia que trascendía la vida individual y al exhortar a las personas a ganarse el más allá mediante una conducta humilde y caritativa. La esperanza en una vida después de la muerte se ha desvanecido en la mayoría de las sociedades occidentales y, cuando la religión se alía con la política, refuerza el sentimiento de omnipotencia de los individuos, alimenta el fanatismo y fomenta la confrontación entre seres y naciones. Las perspectivas de realización personal a través del trabajo y la familia, por su parte, también se ven debilitadas por la inestabilidad de las relaciones amorosas y la reversibilidad de las situaciones, ya que muchas personas atraviesan altibajos y reveses de fortuna tanto en su carrera como en su vida personal. La falta de estabilidad y el sentimiento de ser reemplazables, incluso prescindibles, fragilizan aún más a los individuos y los hacen más proclives a reprimir el terror a la muerte. Pues, si toda existencia está inacabada y la muerte testimonia nuestra pequeñez al instaurar una igualdad fundamental entre los seres humanos,[5] resulta más fácil afrontar serenamente el propio final cuando se ha disfrutado de una vida afectiva plena y se tiene la sensación de poder legar algo que cuando se experimenta la impresión de no contar para nadie ni tener nada que transmitir.

La represión del terror a la muerte conduce a comportamientos inadecuados, en los que el sujeto busca huir y huir de sí mismo, acumula dispositivos y se aferra a los demás con la esperanza de obtener su

---

5 S. Kierkegaard, «Junto a una tumba», en *Discursos edificantes. Tres discursos para ocasiones supuestas*, Madrid, Trotta, 2010, p. 453.

validación. Esta desesperación de la debilidad[6] —que nace del hecho de no saber que se tiene un yo o de carecer de infinito— explica el conformismo social, la adicción al consumo, la vanidad, el anhelo constante de reconocimiento o la dependencia afectiva. La represión del terror a la muerte también puede adoptar la forma de una desesperación obstinada, en la que el sujeto se aferra a un ideal que desea alcanzar a toda costa: se quiere ser César o no ser nada.[7] La megalomanía del tirano —o, en quienes no logran alcanzar el poder, la sumisión a un líder que les otorga por delegación la ilusión de omnipotencia y refuerza su sensación de excepcionalidad y de pertenencia a una causa grandiosa— constituye un síntoma de una incapacidad para afrontar el terror a la muerte y aceptar la indeterminación del sentido.

La negación de la muerte se encuentra así en la raíz de todos los comportamientos evasivos, y el rechazo de nuestros límites, al igual que la negación de la igualdad entre los seres humanos, tiene su origen en el rechazo de la finitud. El deseo de control absoluto, que es su corolario, se convierte en una manifestación de omnipotencia y revela la negativa a aceptar la incertidumbre. Esta, al igual que la mortalidad, la contingencia o la indeterminación del sentido, es una característica de la condición humana. También es una figura de la alteridad. La imposibilidad de tolerar la incertidumbre,

---

6 *Id.*, *La enfermedad mortal*, Madrid, Trotta, 2008, pp. 72-78, 85-91.

7 *Ibid.*, pp. 92-99.

el miedo a lo desconocido y el rechazo de todo aquello que se aparta de uno mismo, de todo lo que no encaja en los propios cálculos o proyecciones, empujan a refugiarse en ideologías simplificadoras y a pensar al otro y al porvenir a partir de lo mismo y de lo ya conocido. Sin embargo, la contingencia de nuestra existencia, así como la libertad y la imprevisibilidad ajena —inscritas ya en el rostro del recién nacido— hacen que los acontecimientos escapen en gran medida a nuestras anticipaciones. Esta indeterminación justifica que la política pertenezca al ámbito de la decisión y que nuestro destino no deba confiarse a personas carentes de prudencia, sino a aquellas capaces de despertar en sí mismas la potencia de lo femenino: asumiendo su vulnerabilidad y mortalidad, acogiendo la imprevisibilidad en lugar de concebir lo desconocido como una amenaza. Dado que nuestro mundo se ha vuelto extraordinariamente complejo debido a la globalización de los intercambios, el desarrollo tecnológico, la aparición de fenómenos climáticos extremos y los desequilibrios geopolíticos, la incertidumbre se impone hoy más que nunca como un dato esencial de nuestra existencia. La capacidad de asumirla sin pretender eliminar todo riesgo de antemano, y sin someter a un país o al mundo a riesgos desproporcionados, distingue las respuestas democráticas a los desafíos de nuestro tiempo de las soluciones autoritarias o totalitarias.

La muerte da testimonio de nuestra impotencia; es separación, abandono radical, y marca la irreversibilidad del tiempo. Constituye, además, una aporía, es decir, un límite que puede abrir la posibilidad de un pasaje.[8] A pesar de su filo, ofrece una forma de concebir nuestra relación con nosotros mismos y con los demás que se opone a la necesidad de dominación, a la obsesión por el control y al repliegue narcisista sobre uno mismo. La imposibilidad de abolir la muerte y de hacer regresar a los difuntos es justamente lo que nos hace tomar conciencia del valor de la vida presente y de la urgencia de ocupar bien el tiempo que nos queda cuidando de los otros y procurando legar un mundo habitable, así como instituciones justas. Es porque somos mortales y vulnerables que podemos, e incluso debemos, hacernos responsables de los demás. La responsabilidad arraiga en el sentimiento de una exposición común a la muerte.[9] Se convierte así, más que la búsqueda de posesiones o de gloria, en lo que da sentido a nuestra existencia y transforma desde dentro la libertad, que pasa a ser una libertad implicada. Lejos de definirse por el poder ilimitado de un ser independiente y dueño de sí mismo, por la capacidad de un sujeto autocentrado de tomar decisiones y modificarlas a su antojo, designa la aptitud para autolimitarse. Esta libertad se ve transformada por la responsabilidad, por la atención al mundo y a los demás. El sujeto no experimenta los límites que se impone legítimamente, en nombre del derecho de los demás a existir, como una carga ni como un sacrificio que lo conduce a percibirse como un perdedor que recibe

8 J. Derrida, *Aporías. Morir-esperarse (en) los límites de la verdad*, Barcelona, Paidós, 1998.

9 E. Lévinas, *Dios, la muerte y el tiempo*, Madrid, Cátedra, 1994, pp. 138-139.

menos que los demás o menos de lo que ofrece. Es porque ha definido qué es suficiente para su realización y posee un sentido de la justicia que logra acordar con los otros aquello a lo que está dispuesto a renunciar, de qué manera y trazando también los límites de lo que puede esperarse de él.

Resulta ciertamente ilusorio pensar que podríamos superar la negación de la muerte de manera espontánea y definitiva. No obstante, sí podemos ser conscientes de las reacciones defensivas que genera la angustia ante la muerte y aprender a atravesar las emociones negativas asociadas al reconocimiento de nuestra finitud y al sentimiento de desamparo, impotencia y absurdo que despierta la aprehensión de nuestra condición. Reconocer que los desafíos a los que nos enfrentamos requieren soluciones nuevas constituye, al mismo tiempo, una oportunidad para liberarnos de antiguos esquemas de pensamiento y abrirnos a lo inesperado.

El Esquema de la dominación, que incita a una competencia constante y a la voluntad de control absoluto, solo puede sostenerse mediante la negación de la muerte y de lo real. Esta negación se organiza en los planos económico, social, político y cultural, y encuentra en los partidos autoritarios sus principales aliados. La represión de la angustia ante la muerte alimenta el rechazo de la unidad del mundo y de la humanidad. Conduce a la negación de la igualdad entre todos los seres humanos y obstaculiza el reconocimiento de una comunidad de destino que nos vincula, pese a nuestras diferencias y al hecho de que algunos están más expuestos que otros a los riesgos y a la miseria.

Todo ello sofoca la consideración e impide a cada cual extraer de sus propias emociones las semillas de humanidad y compasión que la conciencia de la finitud puede hacer germinar.

Ya se ha señalado que los agitadores de extrema derecha explotan el malestar social practicando una suerte de psicoanálisis al revés y desviando la atención de los ciudadanos respecto de la búsqueda de sus causas. Por el contrario, para no dejarse arrastrar por la ira ni ceder a la tentación de disimular el sentimiento de impotencia mediante mentiras, es fundamental, tan pronto como surgen emociones negativas, interrogarse acerca del razonamiento que estas contienen.

El sufrimiento extremo me encierra haciéndome ver todo de manera sombría; constituye el infierno de la sin-razón, porque ya no distingo la realidad, la cual solo se me presenta a través de filtros deformantes que median entre el mundo y yo.[10] Lo mismo sucede con quienes se ven profundamente afectados por los desafíos ecológicos y sociales que debemos afrontar. Sus emociones negativas los exponen al riesgo de caer en la apatía o en una suerte de tiranía del bien, pero lo que necesitan es aprender a domesticarlas. Este aprendizaje requiere, al menos durante un tiempo, cultivar cierta paciencia para desprenderse de los reflejos de control y de la tendencia a proyectar. La incertidumbre remite a ese momento intermedio en el que algo

10 C. Pelluchon, *La esperanza o la travesía de lo imposible*, Barcelona, NED, 2023, pp. 11-12. En el original, *enfer-me-ment*; la autora juega con una palabra que significa «cerrazón», pero que, cuando se pronuncia, suena como «el infierno me miente». *(N. de la T.)*

se descompone sin que otra cosa lo reemplace aún. Aunque sigue siendo angustiante, puede llegar a convertirse en una aliada que nos enseñe a abrirnos a lo desconocido, a lo inesperado, a aquello que, para ser percibido, requiere una disposición al discernimiento que solo es posible si se renuncia al afán de control o de comprensión total.

De esa renuncia emergen posibilidades que ya estaban presentes en nuestra cultura y en nuestro entorno, si bien no las hubiéramos percibido. En este sentido, el cuestionamiento que se impone hoy no supone despreciar a Occidente ni desechar todo lo que la modernidad ha legado de positivo y que puede considerarse una contribución al progreso. El inventario que debemos emprender exige que interroguemos nuestras representaciones y que abandonemos ciertas prácticas, reconociendo también que hay, en el pasado, recursos que no esperan sino ser actualizados y que son como las semillas del futuro.

La consideración ha existido en todo tiempo y lugar, pero el Esquema de la dominación —anterior a la Ilustración, pues se enraíza en una separación radical más primigenia entre naturaleza y civilización— la ha recubierto, impregnando nuestro imaginario y nuestro psiquismo, y transformándolo todo —nuestra relación con la naturaleza, los animales, los otros, la vida pulsional, el trabajo y la política— en una especie de guerra. La consideración inaugura una relación de no-dominación con las cosas y con los demás porque, cuando uno se sitúa en el mundo común percibiéndose como un ser engendrado, vulnerable y mortal, reconoce el valor intrínseco de las cosas y de los otros, y entonces la necesidad de humillarlos y cosificarlos para poder existir o para evacuar la angustia queda neutralizada. El Esquema de la consideración no sustituye al de la dominación del mismo modo en que un orden político reemplaza a otro tras una revolución o un conflicto. La eclosión de la consideración, o su regreso —al igual que el de la convivialidad—, despierta el amor por el bien común y el sentido de la justicia, y hace desaparecer la dominación.

Esto no significa, una vez más, que debamos cerrar los ojos ante la ambivalencia del ser humano. Al contrario, se trata de mirar de frente nuestra condición, de zambullirnos en el abismo que la define y de reconocer tanto el carácter insondable de nuestra existencia como su potencia creativa y su destructividad. El mundo común nos recuerda el vínculo umbilical entre los vivientes y entre generaciones, su renovación, pero también la disolución de la individualidad, su destrucción y su desaparición. Admitir la complejidad del ser humano y ahondar en el vínculo entre contingencia y libertad, entre indeterminación del sentido y responsabilidad, entre aceptación del absurdo y compromiso, constituye la condición de posibilidad de un renacimiento de uno mismo que no elimina el componente trágico de la existencia ni de la incertidumbre, pero que enseña el sentido de la mesura. Ese es el desafío del existencialismo ecológico.

Una filosofía de la existencia que se limitara a un coexistencialismo —que nos sensibilizara respecto de nuestra pertenencia a una comunidad biótica y del

hecho de que habitar la Tierra siempre supone coha-
bitar con los demás vivientes— no basta para transformar radicalmente nuestra mirada.[11] También es necesario pensar el abismo que representa para el ser humano
y profundizar en nuestra relación con la finitud para
poder salir de la dominación. Es por ello que el existencialismo ecológico es un humanismo: implica que
solo apuntando al pleno desarrollo moral y psíquico
del ser humano podremos promover un modelo de desarrollo más justo.

Este humanismo no es antropocéntrico, ya que el
reconocimiento de lo que nos une a los demás vivientes invalida toda actitud de arrogancia y dominación.
Es inseparable del rechazo a una cultura fundada en la
negación de la muerte: la represión de nuestra condición mortal y vulnerable nos conduce a agredir a los
seres que alterizamos, proyectando sobre ellos una parte
de nosotros mismos que tememos o que nos repugna.
Esta cultura de la muerte genera comportamientos de
depredación y dominación que son responsables de la
degradación del planeta, de la deshumanización y del
clima de violencia en que vivimos. También explica
la violencia ilimitada contra los animales y, de manera
más general, contra los seres que encarnan esa dimensión corporal y vulnerable de nosotros mismos: el sa-
dismo y el maltrato constituyen formas de evacuar el
odio hacia uno mismo y de hacer pagar a otros el desprecio que sentimos hacia nosotros o hacia una parte
de nosotros.

---

11 C. Pelluchon, *L'être et la mer, op. cit.*, pp. 19-29.

El Esquema de la consideración articula el cuidado de la Tierra, la justicia, la atención a los intereses de los animales, la preservación de la democracia y el respeto de la dignidad de cada cual, y se manifiesta a través de un clima de convivialidad y de confianza que alimenta el deseo de convivir. Estos aspectos, todos ellos derivados de la consideración, configuran un proyecto político ecologista y humanista cuyo eje principal es el respeto por los vivientes y por la naturaleza, tanto en nuestro interior como fuera de nosotros. Dicho de otro modo, si la confrontación con la posibilidad del colapso y la aceptación de nuestra finitud son necesarias para salir de la negación de lo real y adoptar comportamientos ecológica y socialmente virtuosos, las transformaciones que exige la ecología representan también una oportunidad para el desarrollo personal y la transformación de la democracia.

En un mundo regido por el Esquema de la dominación, las preocupaciones medioambientales y la defensa de las libertades individuales aparecen como antagonistas, y tampoco se vislumbra cómo sería posible promover el bienestar de cada cual y garantizar un acceso equitativo a los recursos sin agravar el calentamiento global ni la erosión de la biodiversidad. Las soluciones propuestas se centran casi exclusivamente en cuestiones de energía y de transporte, sin otorgar la debida importancia a la agricultura y la alimentación, que constituyen, sin embargo, pilares fundamentales de la transición ecológica, ya que inciden directamente tanto en los modos de producción como en los estilos de vida y en los hábitos de consumo. Porque la reducción drástica del consumo de carne y de productos animales, así como su sustitución por productos de origen vegetal a escala global —y prioritariamente en los países occidentales—, permitiría alimentar a ocho mil millones de seres humanos y ofrecer soluciones a los desafíos de la seguridad y la soberanía alimentaria que afectan a poblaciones enteras. Esta medida, junto con todas aquellas que respetan el valor de los alimentos —como el fomento de una agricultura ecosistémica, la desvinculación de los alimentos de un mercado desregulado y el abandono del intercambio como si se tratara de mercancías manufacturadas—, tendría asimismo un impacto positivo en el medio ambiente, las reservas hídricas, la contaminación terrestre y marina, la salud, la dignidad de las personas, especialmente de ganaderos y agricultores, y el bienestar animal.

Cuando la ecología se reduce a su dimensión medioambiental, vinculada a la lucha contra el calentamiento global y a la transición energética, puede diluirse en las políticas públicas vigentes y en la ecología institucional, pero tropieza con los mismos obstáculos que estas. A pesar de su aparente pragmatismo, apenas suscita la adhesión de la población y coexiste con medidas que, en otros ámbitos, resultan perjudiciales para el medio ambiente. Los ecologistas que defienden el decrecimiento, tanto en el ámbito nacional como global, aciertan al señalar que la generalización del modo de vida occidental conduciría a la tragedia de los comunes y a una intensificación de los conflictos, y que, en cualquier caso, la preservación de dicho modo de vida resulta incompatible con los límites planetarios. No obstante, encuentran dificultades a la hora de articular este imperativo con el respeto a la democracia. Los callejones sin salida a los que conducen estos enfoques provienen, en gran parte, del hecho de que su concepción de la ecología es atomista, reducida a una lógica de recursos y sobre todo desencarnada, incluso deshumanizada: es decir, abstracta y desvinculada de la existencia humana. Da la impresión de que la toma de conciencia ecológica de quienes sostienen estas posiciones es reciente y que su radicalización ha sido precipitada, sin que esa politización de la ecología se haya acompañado de una reflexión profunda sobre su dimensión existencial o incluso espiritual.

Por el contrario, una política de la consideración se emancipa de una relación meramente instrumental con la naturaleza y concibe la ecología no solo en su dimensión medioambiental, sino también y sobre todo como una forma de ser y de vivir con los demás en un planeta que es frágil, pero capaz de acoger a todo ser vivo, siempre que aceptemos dejar de producir y consumir como lo hacemos actualmente. Esta perspectiva no disocia el cuidado de la naturaleza del cuidado de los seres humanos. Se trata de una ecología humana que atraviesa todas nuestras actividades y afecta a todos los ámbitos de nuestra existencia; es inseparable de una revolución en la manera de concebirnos a nosotros mismos y de pensar nuestra relación con la naturaleza y con los demás seres o entidades.

Al abarcar todas las dimensiones de la ecología, no solo politizamos la ecología: ecologizamos la política. Cada sector de la economía y de la sociedad se reestructura de tal modo que incorpore los imperativos medioambientales al tiempo que se considera lo que puede nutrir la existencia de los seres humanos entendidos de forma integral como seres pensantes y terrestres, vulnerables y carnales, que dependen de los elementos y de los ecosistemas, cohabitan con otros vivientes y tienen necesidades afectivas y espirituales, así como el deseo de llevar una vida buena. La ecología, al articularla con una filosofía de la existencia, adquiere cuerpo: se arraiga en el corazón de cada individuo y se impregna en su experiencia.

Puesto que implica la preservación del mundo común y constituye, además, una de las condiciones de la libertad y de la creatividad individuales, la ecología abre el camino hacia un nuevo humanismo que, a la vez que reafirma el valor intrínseco de cada cual, deja atrás una concepción atomista y desencarnada del sujeto, según la cual su libertad estaría en conflicto con la de los demás y se hallaría radicalmente separado del resto de vivientes. Al dejar de disociar la reflexión sobre el cambio de modelo de desarrollo del interrogante sobre la condición humana, los límites que acotan nuestra existencia y las demandas y aspiraciones tanto necesarias como suficientes para una vida buena, también se hace visible la centralidad y la universalidad de la ecología. Esta no es patrimonio de ningún partido ni preocupación exclusiva de un grupo de privilegiados que desconoce la angustia de llegar a fin de mes. No se trata de un lujo de ricos o de urbanitas, sino un asunto de todos y todas. Lejos de oponerse a la libertad y a la democracia, la ecología las impulsa a transformarse.

La reflexión sobre qué es suficiente para llevar una vida buena y sobre qué resulta útil para los demás orienta las decisiones de una política de la consideración. La sobriedad no constituye únicamente una restricción derivada de la escasez de recursos; responde también a una exigencia de justicia hacia los otros, presentes y futuros, humanos y no humanos. Aunque implique ciertas renuncias, la sobriedad no se experimenta como una limitación de la propia libertad individual, sino como la expresión de la propia autonomía relacional, vinculada a elecciones meditadas, a mi atestación.

El límite se asocia con la idea de moderación o de mesura, lo cual afecta tanto a los propios deseos y a la relación con los placeres y los sufrimientos como a las relaciones con los demás, cuando se trata del reparto de bienes y esfuerzos, de la retribución y del poder. La justicia tiene que ver con la justa estimación del lugar que uno ocupa y de aquello a lo que tiene derecho, y concierne también a lo que uno considera que los demás pueden o deben recibir. Implica establecer límites a nuestro derecho a hacer lo que se quiera, pero también ser capaces de expresar a los otros qué es lo que no estamos dispuestos a aceptar y qué creemos merecer. Del mismo modo que el cuidado de uno mismo y la atención al otro son inseparables, la justicia es una virtud que concierne tanto a la relación con uno mismo como a la relación con los otros.

El ideal de justicia distributiva tal como lo concibe John Rawls se refiere al reparto de bienes y reconocimientos, y exige dejar de lado los juicios sobre el

bien y el mal: cada sujeto, situado tras un velo de ignorancia y dejando entre paréntesis su estatus social, su
pertenencia a un entorno y a un género, así como sus
visiones del mundo, adopta una estrategia que mini-
miza el riesgo, es decir, que garantice el respeto de las
libertades fundamentales y beneficie a los más desfavo-
recidos.[12] Una política de la consideración se distingue
de este enfoque porque no puede suspender toda interrogación sobre la vida buena y exige abrir un debate
sobre qué es necesario y suficiente para el pleno desarrollo moral y psíquico de los individuos, y no solo
para su bienestar ni para la defensa de sus libertades
individuales.

Lo suficiente no es el mínimo vital, sino aquello
que genera un sentimiento de autorrealización. Para
determinarlo, es preciso que tengamos una orienta-
ción hacia la vida buena. Esta se define también a partir del límite, que para cada uno es su propia muerte,
cuya aceptación confiere el sentido de la mesura. No
es posible establecer qué resulta suficiente para nuestro
desarrollo material, social, afectivo, intelectual y espiritual sin haber tomado conciencia de las prioridades y
los ejes fundamentales de la propia existencia. Es por
esta razón que la atestación constituye la condición
de posibilidad de lo suficiente. Los individuos, sin ella,
permanecen en una insatisfacción perpetua que los
conduce a seguir todas las modas y a buscar constantemente el reconocimiento y la posesión de bienes o

12 J. Rawls, *Teoría de la justicia*, Ciudad de México, FCE, 1979; y
El liberalismo político, Barcelona, Crítica, 1996.

dispositivos nuevos. Se convierten así en siervos de un sistema económico basado en la sobreproducción, el sobreconsumo y el despilfarro. En ese sistema, el ideal de un acceso democrático a bienes o servicios que antes eran más escasos se convierte en el único criterio del bienestar colectivo, lo que acelera la degradación medioambiental e incrementa tanto las desigualdades como las frustraciones. Esto ocurre porque se trata de una concepción de la justicia sesgada.

Si la justicia no se disocia de una reflexión sobre la vida buena, la democratización del acceso a bienes y servicios deja de ser contraproducente. Entonces resulta posible promover la equidad sin reforzar una visión homogeneizante de la sociedad ni convertir determinado nivel de vida en el criterio de la felicidad. Asimismo, la reflexión centrada en la calidad de vida —y no en la conformidad con un estándar de éxito concebido en términos cuantitativos— articula un ideal de autorrealización con el respeto de la dignidad de cada persona.

De ahí que la atestación, que expresa la aspiración a vivir bien con y para los demás en el marco de instituciones justas, se sitúe en el corazón de una ética y una política de la consideración. Ello implica que las negociaciones en torno a sacrificios y reestructuraciones necesarios para preservar el medio ambiente y alcanzar una mayor justicia son indisociables de las condiciones que permiten crear un clima social favorable a la autoestima de los individuos y a la acogida de las diferencias. Estos dos componentes de toda relación saludable, y de toda democracia, se refuerzan mutuamente. En efecto, no basta con combatir toda forma de discriminación para hacer posible la institución del bien común. Es igualmente necesario, como se ha señalado, prevenir y sancionar la violencia que resulta de las relaciones de sometimiento y dominación. Esto requiere que cada persona desarrolle un nivel de conciencia suficiente para reconocer a los profetas del engaño y evitar mentirse en exceso a sí misma. Por último, resulta esencial cultivar la convivialidad y despertar el deseo de convivir, que no tiene nada que ver con un delirio compartido ni con el aislamiento comunitario.

Las decisiones colectivas y las orientaciones tecnológicas, económicas y políticas ya no deben centrarse exclusivamente en el rendimiento inmediato ni olvidar la convivialidad. Incorporar esta última como elemento esencial de las políticas públicas transformaría radicalmente el modo en que concebimos las reestructuraciones económicas necesarias. Ello permitiría concebir el trabajo de manera que se procurase crear un clima de confianza en lugar de dejar que se instalen la desconfianza y la sospecha. No solo se revalorizarían las profesiones del cuidado y todas aquellas asociadas al *care*, sino que también podrían reconocerse los empleos no remunerados y el papel de quienes, incluso tras alcanzar la edad de jubilación, pueden transmitir su experiencia a los más jóvenes. Erigir lo suficiente y la convivialidad en criterios fundamentales de las políticas públicas permitiría acompañar a los individuos en su trayectoria profesional y facilitar su reorientación. Al articular la reflexión sobre la reorganización del trabajo con esta interrogación sobre la vida buena, estaríamos en mejores condiciones para impulsar reformas capaces de afrontar el reto que representa el aumento de la esperanza de vida para la financiación de las pensiones. Finalmente, todo lo expuesto en relación con el desarrollo moral y psíquico del ser humano —que debe permitir identificar a los manipuladores y escapar de su sometimiento, y cuya alma ha de nutrirse para convertirse verdaderamente en un sujeto libre, realizado y capaz de preservar la democracia— exige una profunda reforma de nuestro sistema educativo.

La alimentación y la agricultura, como ya se ha señalado, figuran entre los componentes principales de una política de la consideración basada en el reconocimiento de nuestra dependencia respecto a los alimentos, los elementos, los ecosistemas y los otros.[13] Las comidas, además, favorecen formas de intercambio saludables sustentadas en el acto de compartir sensaciones y momentos de placer que pueden disipar los prejuicios vinculados al estatus social o al racismo. Las diferencias, cuando nos sentamos a la mesa para intercambiar recetas y probar platos de distintas regiones del mundo, se perciben como oportunidades y fuentes de enriquecimiento, no como amenazas. Lo mismo cabe decir de la cultura y la moda, que, más allá de su valor intrínseco y del refinamiento del gusto al que contribuyen, enriquecen las relaciones interpersonales y

---

13 Así es como hemos convertido a los agricultores en los pioneros de la Ilustración en la era de la ecología. Véase C. Pelluchon, *Ecología como nueva Ilustración, op. cit.*, cap. III.

alientan a superar las barreras erigidas por los prejuicios y la ignorancia.

Una política de la consideración crea las condiciones para una sociedad libre de humillaciones. Ello no implica que encontrar el propio lugar sea una tarea fácil. La atestación, como ya se ha señalado, determina la capacidad de una persona para reconocer qué le basta para llevar una vida buena. Esta libertad interior es la que explica que los demás no le inspiren miedo ni despierten en ella envidia u odio. Fomentar intercambios que alimenten el deseo de convivir —sin apelar a valores morales rígidos, sino subrayando la convivialidad y favoreciendo que los ciudadanos se encuentren cara a cara, en lugar de conocerse de oídas o de quedar atrapados en prejuicios propagados por las redes sociales— no es sencillo en una época en la que, en el metro, en el tren e incluso en los restaurantes, cada cual está absorto en su teléfono móvil. Sin embargo, resulta fundamental multiplicar los espacios que permitan el encuentro directo, el diálogo y el intercambio de sensibilidad. Al conocer a los demás y desarrollar vínculos que no estén condicionados por la competencia, la búsqueda de rendimiento, la obsesión por el reconocimiento ni la dominación, las personas serán más felices, tendrán mayor confianza en sí mismas y en el futuro, y estarán mejor preparadas para debatir sobre los problemas complejos a los que se enfrentan. Si no creamos este clima de convivialidad y de confianza, aumentarán las incivilidades y se deteriorarán aún más el espacio público y el patrimonio tanto natural como cultural.

Y la política, por su parte, continuará reducida a un juego de egos, en el que el riesgo de sometimiento y manipulación será constante.

También es fundamental propiciar las condiciones para una sociedad en la que el reconocimiento, al que todo ser tiene derecho, no se halle sobredeterminado. Porque la necesidad de reconocimiento puede volverse patológica. Del mismo modo, el sentimiento de humillación puede construirse y ser explotado hasta el punto de que la victimización se transforme en una estrategia al servicio de reinstaurar la dominación, que entonces cambia de bando. Una vez más, la relación con la finitud y la exposición de la humanidad a riesgos comunes sirven de brújula para que cada cual valore su justo lugar y lo que necesita para vivir bien.

La consideración no constituye una ideología ni una visión del mundo impuesta desde arriba, sino una actitud global que propicia comportamientos individuales basados en la moderación y la cooperación, y que conduce casi naturalmente a políticas y decisiones colectivas que promueven la justicia y la reducción de las desigualdades. En su núcleo encierra la exigencia de una distribución equitativa de los alimentos y la riqueza. La situación actual, en la que algunos multimillonarios incrementan su fortuna de manera desproporcionada mientras masas enteras viven en condiciones cada vez más precarias, representa la manifestación más elocuente del Esquema de la dominación. Dado que la democracia no puede sostenerse cuando las desigualdades entre los ciudadanos son demasiado grandes, resulta imprescindible abordar su raíz y adoptar medidas para reducirlas, imponiendo, en particular, una mayor justicia fiscal,[14] así como un reparto equitativo de la carga de la deuda.

Otro ejemplo que ilustra las consecuencias concretas de una política de la consideración es la organización del trabajo, la cual aún no reconoce debidamente ni el sentido de las actividades ni el valor de las personas que las realizan. Ya no es sostenible seguir modelando la ganadería conforme a los principios de la industria ni pensar la eficiencia y el rendimiento en los ámbitos de la sanidad, la educación y la investigación como si se tratara de la producción de bienes manufacturados. Es aberrante intercambiar alimentos como si fueran meros objetos en un mercado desregulado, ignorando tanto la función de los agricultores en el cuidado del paisaje como el deber de incorporar en el precio de los pro-

14 La justicia fiscal abarca tanto el cálculo del impuesto que deben pagar los ciudadanos sujetos a tributación como la lucha contra la evasión e incluso la optimización fiscal. Diversos investigadores internacionales miembros de la Independent Commission for the Reform of International Corporate Taxation (ICRICT) —entre ellos Eva Joly, Jayati Ghosh, Thomas Piketty y Joseph Stiglitz— han defendido que multinacionales como Amazon o Google paguen su justa parte de impuestos. Han propuesto para ello una reforma fiscal que permita gravar a estas multinacionales en los países donde generan beneficios, y no solo en aquellos con baja fiscalidad en los que se deslocalizan. Apoyan asimismo el acuerdo sobre un impuesto mínimo global del 15 % para las multinacionales, adoptado por la Organización para la Cooperación y el Desarrollo Económicos (OCDE) en octubre de 2021 y firmado por más de 140 países, y consideran que se trata de un primer paso hacia una reforma profunda del sistema fiscal internacional, que debería avanzar hacia un tipo impositivo de entre el 20 y el 25 % como mínimo. Véase www.icrict.com.

ductos alimentarios las externalidades negativas, el coste medioambiental de la carne y el del transporte.

Por último, al llevarnos a considerar cada vida como valiosa, incluida la del animal más humilde, la consideración exige que, en el corazón del anhelo de la buena vida y en cada uno de nuestros gestos cotidianos —al comer, al vestirnos, al desplazarnos, al construir nuestras casas—, integremos el cuidado de los animales que, como nosotros, son engendrados, vulnerables y mortales. Dado que el maltrato animal constituye la manifestación última de la dominación y el resultado de una negación de la muerte organizada a gran escala, no puede haber destitución del Esquema de la dominación sin una transformación radical de nuestra relación con los animales. La causa animal, más allá de su legitimidad intrínseca, reviste una dimensión estratégica, pues toca lo más profundo de nuestra humanidad. La violencia infligida a los animales en todo el mundo nos interpela sobre qué autorizamos a hacer a seres sensibles con los que compartimos el planeta. Al no establecer límites claros a nuestro supuesto derecho a usar a los animales y abusar de ellos, así como a extraer todas las riquezas terrestres y marinas, incurrimos en una forma de transgresión: nos atribuimos una soberanía casi absoluta sobre seres cuyas necesidades etológicas y cuya subjetividad, no obstante, delimitan desde dentro ese derecho a explotarlos a nuestro antojo. Cosificándolos y conduciéndolos en masa a una muerte atroz, proyectamos sobre ellos nuestro propio desprecio por la vida y por el cuerpo, y abrimos así la puerta a todo tipo de abusos. Por todas estas razones, una política de la consideración sitúa la mejora sustancial de la condición animal y la sensibilización sobre los retos éticos y civilizatorios de esta causa entre los ejes principales y transversales de toda decisión.

Identificar qué es suficiente exige una reflexión sobre qué es útil, lo que implica renunciar a tecnologías y prácticas que degradan la humanidad o la exponen a riesgos desmesurados. Las decisiones que deben adoptarse han de basarse en una distinción nítida entre innovación y progreso. Las evoluciones tecnológicas constituyen innovaciones, pero el progreso conlleva una mejora cualitativa de la sociedad. Hoy ya no es posible hablar del progreso en términos de una mejora global y continua de la humanidad, porque las tecnologías son ambivalentes, se nos escapan y pueden volverse contra nosotros. El reconocimiento de la destructividad humana —atestiguada por el vuelco de la racionalidad en irracionalidad y de la civilización en barbarie—, así como el riesgo de colapso asociado al calentamiento climático, invalida la idea de un progreso de forma lineal y continua e impide identificarlo con el ideal de un crecimiento ilimitado. Sin embargo, la noción de progreso no ha perdido su pertinencia. Cabe incluso considerar que la situación actual, al exigir una reestructuración profunda de nuestros esquemas y formas de vida, constituya el momento propicio para volver a hablar de progreso. Aunque esto implica entender que comienza, como señala Adorno, allí donde termina.[15]

---

15 T. W. Adorno, *Stichworte. Kritische Modelle 2*, Frankfurt, Suhrkamp, 1970, pp. 37-38.

Durante mucho tiempo, la noción de progreso se asoció a un imaginario en el que la abundancia y lo ilimitado también eran reflejo de la arrogancia de una humanidad cuyas proezas tecnológicas alimentaban su propensión a la omnipotencia y se situaba por encima de las demás especies. Al abandonar esta concepción, comprendemos hoy que el progreso se funda en la idea de límite. Confiar en la posibilidad de un progreso humano solo es posible si nos liberamos del antropocentrismo y salimos del Esquema de la dominación. No solo los individuos deben asumir su vulnerabilidad y su finitud, sino que también nuestro modelo de desarrollo y nuestra civilización han de reflejar ese sentido del límite. En consecuencia, la idea del límite debe impregnar la organización de la sociedad, la economía, la política y las relaciones entre Estados. Las mejoras posibles, en todos los ámbitos, requieren decisiones restrictivas y deliberadas que integren la finitud del planeta y los límites que debemos imponernos a nuestro legítimo derecho, en nombre del derecho de los demás, humanos y no humanos, presentes y futuros, a llevar una vida buena. Esto implica que cada persona determine qué le basta para vivir bien en una sociedad acogedora y que colectivamente definamos qué es útil para la sociedad en su conjunto, e incluso para la humanidad. Dicho de otro modo, el progreso hoy supone la consideración, que culmina en el amor por el mundo y lo irradia. Se trata de una potencia antitética a la dominación, cuya plenitud o sobreabundancia no provienen de la posesión ni de la depredación, sino del reconocimiento de nuestra pertenencia a un todo del que no somos más que una parte, y de la gratitud por haber nacido, es decir, por poder compartir la tierra con los demás:

La cuestión [...] consiste en elegir entre el resentimiento y la gratitud como actitudes fundamentales posibles en la modernidad.

En el ámbito de la política, la gratitud nos recuerda que no estamos solos en el mundo. Solo si comprendemos cuán extraordinario es que el ser humano haya sido creado con el poder de procrear, y que no sea el hombre en singular sino los Hombres quienes habitan la Tierra, podremos reconciliarnos con la diversidad de la humanidad.[16]

16 H. Arendt, «En guise de conclusion», inédito publicado en *Les origines du totalitarisme. Eichmann à Jérusalem*, París, Gallimard, 2002, pp. 872-873.

LA POTENCIA DE LO FEMENINO

Y desde el fracaso de nuestro pasado […] nace
[…] la esperanza […]. La esperanza de que aquello que no fuimos, ni tuvimos, en el presente
germine. […] Y solamente así, con ancho amor
sin rencores, abrazando al pasado y al presente,
juntándolos en una salvación común, puede realizarse lo imposible. […] Lo imposible consiste en
lograr […] salir de todas las antinomias en que
estamos enredados.

MARÍA ZAMBRANO, *Isla de Puerto Rico*

La potencia no es la fuerza, sino su contrario. «La
fuerza es lo que hace una cosa de cualquiera que le esté
sometido»,[1] matándolo o privándolo de toda vida interior. Así es como la guerra, poco a poco, borra los fines
de la guerra e incluso la idea de acabar con la guerra,
escribe Simone Weil en su comentario sobre la *Ilíada*,
cuya grandeza, a sus ojos, reside en mostrar la subordinación del alma a la fuerza sin despreciar a ninguno

---

1 S. Weil, *La Ilíada o el poema de la fuerza*, Madrid, Trotta,
2023, p. 15.

de los que sucumben a ella y en testimoniar un amor doloroso por aquello que escapa milagrosamente a su imperio.[2]

La violencia aplasta a todos los que toca, siendo el vencido «una causa de desdicha para el vencedor, como el vencedor lo es para el vencido».[3] Ambos, «hermanados en la misma miseria»,[4] son empujados a morir y a matar por una misma desesperación, por una misma petrificación del alma. La guerra engendra una cultura de guerra que lo impregna todo. Del mismo modo, la fuerza somete siempre también a quien la ejerce y no solo porque corre el riesgo de encontrar un adversario más fuerte, sino, sobre todo, porque conduce a sobreestimarse y a la desmesura. La fuerza embriaga a quien cree poseerla, aunque este es, en realidad, su esclavo. Su imperio es una forma de sometimiento. Ejercer la fuerza es ir más allá de la fuerza de la que disponemos, quererlo todo,[5] creer que somos invencibles y los únicos amos a bordo, que nada ni nadie nos obliga, que «todo es posible».[6] Esto explica que las políticas que se basan en la fuerza y dan lugar a una economía de guerra desemboquen en la destrucción: destrucción del medioambiente y de las instituciones, pérdida de lo

2 *Ibid.*, p. 53.

3 *Ibid.*, p. 36.

4 *Ibid.*

5 *Ibid.*, p. 32.

6 Esta fórmula, que Hannah Arendt toma de David Rousset, es utilizada por este último para caracterizar el régimen nazi en *El universo concentracionario*, Barcelona, Anthropos, 2004, p. 103. Expresa el proyecto de dominación total propio del totalitarismo. Véase «Totalitarismo», en *Los orígenes del totalitarismo*, *op. cit.*, pp. 568, 569 y 592.

político —que es, como señala Hannah Arendt, el espacio *entre-los*-hombres y se establece como relación—,[7] pérdida de la solidaridad y del vínculo con la verdad, extinción de la fe en el porvenir.

Afirmar que la potencia se opone a la fuerza no implica rehuir el combate, especialmente en una coyuntura convulsa como la actual en la que el fascismo constituye una amenaza real y en la que las guerras en Oriente Próximo y en Ucrania, junto con la constitución de un bloque hostil a las democracias occidentales,[8] hacen pesar sobre el mundo y sobre Europa en particular el riesgo de una conflagración devastadora. No se trata tampoco de resignarse ante las violencias ordinarias y extraordinarias, los asesinatos y las violaciones, ni ante la masacre de miles de millones de animales, que es legal en nuestras sociedades. Hablar de potencia obliga a interrogarse por los medios de llevar a cabo una política que se emancipe del imperio de la fuerza y, al mismo tiempo, tener presente las contradicciones en las que podemos incurrir cuando se recurre a la fuerza para combatir la fuerza y luchar contra regímenes imperialistas y neofascistas.

¿Es posible un uso de la fuerza que no reproduzca la dominación? ¿Cómo ejercer la fuerza sin apagar, en el otro y en uno mismo, aquello que es bello y da testimonio de nuestra común humanidad? El desafío es de gran envergadura, pues se trata de concebir

---

7 H. Arendt, *¿Qué es la política?*, Barcelona, Paidós, 2018, p. 45.

8 Los BRICS+ agrupan a la Rusia de Vladímir Putin, la China de Xi Jinping, la India de Narendra Modi y una treintena de países más, entre ellos Egipto, Irán, Etiopía y los Emiratos Árabes Unidos.

y encarnar una potencia más fuerte que la fuerza: una potencia capaz de reparar lo que esta última haya arrasado, reconstruir sobre sus ruinas evitando nuevos cataclismos y sustituirla por una ética, una política y una cultura de la consideración. ¿Qué puede exactamente lo femenino, que se relaciona con la vivencia de las mujeres, pero se extiende también más allá de ellas y se distingue, como ya se ha señalado, tanto de los clichés esencialistas como de un ideal estético y moral fundado en concepciones más o menos fantaseadas de lo que una mujer debería ser en función de sus características biológicas o de los roles sociales que se le asignan?

¿Por qué la potencia de lo femenino, que designa una potencialidad de la condición humana y concierne también a los hombres, se inspira en la experiencia de las mujeres? ¿Es porque las estructuras de poder heredadas de la historia, y que explican su experiencia de objetivación y subordinación, han propiciado en ellas una resistencia singular, la capacidad de afirmarse como seres plenos y como sujetos de derecho que reivindican la igualdad a la vez que logran hacer oír una voz propia? Esta voz resulta indisociable de su vivencia como seres sexuados que a menudo están ligados a su cuerpo. En efecto, sean cuales sean sus decisiones, las mujeres no pueden abstraerse de su cuerpo y experimentan de forma especialmente profunda sus transformaciones, observan su envejecimiento y reaccionan o responden a los cambios sociales y psíquicos que generan sus alteraciones físicas y hormonales. Pero, lejos de ser necesariamente una desgracia, vivir en estrecha relación con el propio cuerpo puede constituir el camino hacia la reconciliación con una misma y con los demás, así como hacia la emancipación.[9] Puede ser el punto de partida de una sabiduría arraigada en la aceptación de la condición corporal y en la decisión de hacer lo posible para ofrecer a quienes cuidamos los medios para culminar su nacimiento y desarrollarse como personas libres y plenas, y no como «hombrecillos» o «mujercillas» permeables a los discursos de odio.

Cada uno de nosotros es un ser único que, al nacer, es acogido en un mundo más viejo y más vasto que él mismo, del cual es deudor. El nacimiento significa que la pluralidad caracteriza la condición humana. La democracia representa la respuesta política a esta realidad, y su preservación, así como sus adaptaciones virtuosas frente a los desafíos contemporáneos, pasa por la gratitud por lo recibido y por reconocer el privilegio que supone vivir en una sociedad donde todos los seres humanos son diferentes y donde cada nacimiento encarna una promesa de renovación del mundo.

El sistema totalitario, por el contrario, manifiesta un resentimiento hacia aquello que es dado, que se expresa en la voluntad de controlarlo todo y en la negación de las diferencias. Así es como los regímenes que se alimentan del resentimiento y están bajo el sometimiento de la fuerza acaban necesitando, tarde

---

9 Para esta concepción, que remite a un feminismo encarnado y fenomenológico, véanse los trabajos inspiradores de Camille Froidevaux-Metterie, en particular *La révolution du féminin*, París, Gallimard, 2020. Véase también, en *La esperanza o la travesía de lo imposible, op. cit.*, el último capítulo, que titulamos «Lo femenino, o el arte de las metamorfosis».

o temprano, recurrir a la guerra para aniquilar pueblos enteros. Pretenden organizar «la infinita pluralidad y la diferenciación de los seres humanos como si la Humanidad fuese justamente un individuo».[10] Un régimen nacido de la fuerza no puede sostenerse sino recurriendo cada vez más a la fuerza, instaurando una dominación total y petrificando las almas. Necesita agredir a otras naciones e invadir sus territorios, incluso si, al hacer la guerra, corre el riesgo de perecer, arrastrando consigo la vida de millones de personas y destruyendo el patrimonio natural y cultural de varios países, incluido el propio.

Hoy debemos reconocer que la situación política y geopolítica es tan tensa que marca el fin de una época en la que la paz en Europa parecía garantizada. Esta coyuntura anuncia también el fin del *statu quo*. Porque nuestro modelo de desarrollo está agotado y nos encontramos en una encrucijada. El mundo puede optar por el camino de la exacerbación de la fuerza, la dominación total sobre la naturaleza y los seres vivos, el control de las masas a través de la técnica, la colonización de la Luna o de Marte, la expansión de los conflictos armados, la subordinación de una parte de la humanidad a otra. O bien podemos tomar otra vía, (re)descubriendo una forma de habitar la Tierra y de convivir que no se funde en la dominación. Para no morir, y para que no mueran el valor de la singularidad y de la diversidad, somos capaces de inventar nuevas

10 H. Arendt, «Totalitarismo», en *Los orígenes del totalitarismo*, *op. cit.*, p. 569.

reglas de vida en común y otras formas de compartir la riqueza, el poder, las responsabilidades, la carga de la deuda y las tareas de reconstrucción. Podemos encontrar en las posibilidades laterales del presente, así como en las promesas del pasado que no llegaron a cumplirse o que traicionamos, las semillas de un futuro deseable.

La potencia de lo femenino, que es lo contrario de la fuerza, revela esta potencialidad. Se trata de la afirmación del poder de actuar capaz de transformar de raíz la relación del ser humano con el mundo y con los otros, de despertar la consideración por la singularidad de cada ser y el respeto por la diversidad de vivientes y culturas. Esto es así porque lo femenino designa una atención a lo singular y una disposición a acoger lo dado. De este modo, la experiencia de pertenencia al mundo común —que nos hace tomar conciencia de lo que nos une a los demás, pero que, como ya hemos señalado, también es inseparable del enfrentamiento de cada uno con su propia mortalidad— se convierte, mediante la atención a lo dado, en gratitud, compromiso con la vida y con el porvenir, generosidad, capacidad de pensar y de actuar, de dar, de entregarse: en amor. Ese amor se opone a la fuerza del mismo modo que la acogida de lo dado se opone a la obsesión por el control, la gratitud al resentimiento, la atención a lo singular a la cosificación de los seres y la apertura hacia lo nuevo al aniquilamiento del otro como tal.

La potencia se opone así a la fuerza no solo por sus consecuencias, sino, sobre todo, porque se nutre de una fuente diferente. No está animada por una dinámica destructiva que surge de la imposibilidad —cuando se está bajo el imperio de la fuerza y paralizado por el resentimiento hacia lo dado— de escapar de la omnipotencia, de la desmesura y del delirio que conducen a arrasarlo todo, incluso y especialmente aquello que es bello, como la naturaleza o el cuerpo de las mujeres y de los niños. La potencia intensifica la existencia, posee esa incandescencia que evoca la alegría spinoziana: el amor por el mundo y por aquello que nos acontece nace del amor por el todo, que disuelve las pasiones tristes y engendra solidaridad, una comprensión profunda de lo que une a todos los seres humanos dependientes de una misma naturaleza —*Deus sive natura*—.[11] El incremento de la potencia de existir no conduce a la furia destructiva ni a la locura, porque se alimenta de una fuente infinita: el mundo común, que otorga a cada uno su medida. A diferencia de la omnipotencia y de la *hibris*, signos del narcisismo y manifestaciones de un yo replegado en sí mismo que hace pagar a los demás su incapacidad de asumir los propios límites, la energía que emana de la potencia de lo femenino proviene de nuestra inmersión en el mundo común, es decir, de una relación con lo infinito que nos permite comprender íntimamente qué significa venir al mundo, emerger y existir, flotando en una barca en la que somos a la vez solitarios y solidarios.[12]

11 B. Spinoza, *Ética demostrada según el orden geométrico*, Madrid, Alianza, 2011. Véanse en particular las proposiciones xx y xxxii del libro v.

12 Sobre las nociones de inmersión, flotación y del ser-emergido, que constituyen estructuras de la existencia, véase *L'être et la mer*, *op. cit.*, pp. 41-57.

Cada nacimiento, que es la irrupción de un ser nuevo e imprevisible, cada obra y cada interpretación que se desprenden del sinfondo de la existencia abren un sentido y ahondan el mundo de una forma particular haciendo aparecer, si no una huella o una firma, al menos un destello, como una ola. Se trata de una gracia, que maravilla y a la vez enseña el sentido de la mesura: cada ser, cada obra, cada iniciativa —que surge del oleaje y está condenado a desaparecer, a ser arrastrado, sumergido—, dibuja un movimiento único, como un rostro, y hace oír una voz singular. El sentido es un acontecimiento: la creación nace del encuentro entre el mundo y un ser, entre un mundo ya existente que ha de mostrarse hospitalario con nuevas interpretaciones y un ser que, al principio, lo desconoce, pero que se define y existe al recibirlo. Ese ser tiene la responsabilidad de no destruirlo, de no hacer que naufrague aniquilando aquello que, en sus creaciones e instituciones, contiene belleza y constituye un alimento sano para las generaciones presentes y futuras. El don de transmitir y nutrir ese mundo, de despertar su belleza, pero también de discernir lo que lo degrada y amenaza con devastarlo, caracteriza la potencia de lo femenino. Ese don es su poder, su capacidad y su autoridad; da testimonio de su coraje y de su aptitud para hallar los medios más adecuados que impiden que ocurra lo que no debe ocurrir.

La potencia de lo femenino es una potencia de vida, aunque se sostenga en una aprehensión íntima de nuestra finitud y suponga la aceptación de nuestros límites, el enfrentamiento con aquello que, en el mundo, resiste a nuestra voluntad. No nace del miedo al otro, sino del amor por el otro, encarnado en el rostro del recién nacido, ese desconocido o ese extranjero que no es nuestro reflejo. Si el nacimiento ocupa un lugar tan central en toda filosofía de la resistencia y de la libertad —como en el pensamiento de Hannah Arendt, que se interroga sobre cómo evitar recaer en el totalitarismo— es porque sitúa la intersubjetividad en el corazón del sujeto y porque todo recién nacido porta consigo la esperanza de que el mundo puede renovarse y escapar a la repetición de lo peor.[13] Pero la promesa de renovación que encarna exige que el mundo no esté tan dañado como para impedir que nuevos seres puedan nacer y crear.

Debemos evitar a toda costa el colapso, los cataclismos políticos y las conflagraciones militares que los gobiernos nacionalistas y neofascistas provocarían inevitablemente. Toda guerra es inmunda, pero el poder destructivo asociado al calentamiento global, al apocalipsis nuclear y a las guerras contemporáneas parece no tener límite. Estas catástrofes no solo matan a soldados y adultos, tampoco arrasan únicamente regiones enteras: privan a los recién nacidos y a los niños de la posibilidad de crecer y desarrollarse, negándoles

13 Véase el prefacio de Paul Ricœur a la traducción francesa de H. Arendt, *Condition de l'homme moderne* (1958), París, Calmann-Lévy, 1993, p. 13: «Si la posibilidad del mundo totalitario debe buscarse en una meditación sobre el mal radical, la posibilidad del mundo no totalitario debe buscarse en los recursos de resistencia y de renacimiento contenidos en la condición humana en tanto que tal». Sobre el nacimiento, véase *ibid.*, pp. 43 y 314.

desde el principio toda oportunidad de culminar su nacimiento, de devenir seres plenos que se descubren, se constituyen y se expresan. Traumatizan a quienes sobreviven, mutilan sus cuerpos e inoculan en sus almas el veneno del resentimiento y del odio. La destrucción de regiones enteras —ya sea por bombas, por los efectos del desorden económico mundial o como consecuencia de daños medioambientales irreversibles— altera por completo el curso de las cosas y confisca el futuro, el presente e incluso el pasado. Proyecta retrospectivamente una luz lúgubre sobre la humanidad que permite que esto ocurra y debilita sus textos legales a la vez que los fundamentos del Estado de derecho. Presenciamos el entierro de una civilización cuando contemplamos los cadáveres de niños masacrados, muertos de hambre o de enfermedad en un campo de refugiados, ahogados en el Mediterráneo o víctimas de fenómenos climáticos extremos. Al sellarse el porvenir, se despoja el pasado de todo prestigio, de aquello que aún nos permitía invocarlo con orgullo para pensar el presente y defender las democracias liberales, pese a la hostilidad que suscitan y a sus propias debilidades internas.

Por el contrario, corresponde a la potencia de lo femenino revelar en el pasado aquello que tuvo de mejor y que no llegamos a vivir para transformarlo en porvenir. Como señala María Zambrano, que pasó más de cuarenta años en el exilio tras huir de la España franquista, la potencia que permite realizar lo imposible es conferida por el amor, un amor más vasto que aquello que habitualmente designamos con esta palabra.[14] Ese amor, una vez más, surge cuando se reconoce la fortuna que es vivir en un mundo compuesto por seres diferentes, humanos y no humanos, que desvelan todos ellos una capa del sentido y hacen centellear, como pequeñas olas, el mar inmenso y siempre renovado.

Porque aún nacen seres nuevos en el mundo y porque la entrega personal y la generosidad que inspiran son, más que oasis en pleno desierto o islotes inalcanzables por la fuerza,[15] fuentes que alimentan el deseo de actuar, el amor por el mundo que (re)aviva el amor por los niños nutre la potencia de lo femenino, que es a la vez arcaica y nueva. Es tan antigua como el mundo y, apenas se manifiesta, se expresa mediante gestos ancestrales. Pero también es nueva, porque en nuestra sociedad, donde las mujeres no están obligadas a ser madres, aquello que, en la acogida del recién nacido y de cada persona, enseña la atención a lo singular y la gratitud por lo dado adquiere una dimensión universal que permite redistribuir los roles. Libera tanto a hombres como a mujeres al llevarlos a imaginar juntos una forma de vida que honre la promesa de renovación del mundo que representa cada niño, una promesa que, ya en la adolescencia y con mayor frecuencia en la edad adulta, suele traicionarse.

Una vez más, esta atención a lo singular y a la diversidad que nace de la gratitud por lo dado —lo

14 M. Zambrano, *Isla de Puerto Rico. Nostalgia y esperanza de un mundo mejor*, Madrid, Vaso Roto, 2017, p. 50.

15 Esta imagen se encuentra en H. Arendt, «Del desierto y los oasis», en *¿Qué es la política?, op. cit.*, pp. 149-152.

cual incluye también aquello que escapa a nuestro control y permanece desconocido— concierne tanto a hombres como a mujeres. No se vincula con la potencia de lo femenino porque las mujeres lleven a los hijos en su vientre ni porque la atención sea de esencia femenina, sino porque, por razones históricas, sociales y biológicas, las mujeres no pueden desligarse de su cuerpo. Se acogen a sí mismas al acogerlo, aceptando tanto sus limitaciones como sus formidables potencialidades y respondiendo a los estereotipos que se les asocian cuando se las encadena a él. La vida cotidiana de las mujeres, ayer y hoy, así como las luchas que han debido y deben seguir librando para ser reconocidas como seres humanos plenos, capaces de aportar una contribución singular al mundo, han forjado una sensibilidad frente a la dominación y han depositado en nuestras sociedades las semillas de otra manera de vivir e interactuar con los demás, humanos y no humanos, que se distingue de la fuerza, de la obsesión por el control y de la cosificación. No obstante, si el feminismo desempeña un papel fundamental en la elaboración de un Esquema capaz de destituir la dominación, también es importante comprender que la potencia de actuar que llamamos potencia de lo femenino va más allá de las luchas, siempre legítimas, por la igualdad de derechos. La potencia de lo femenino se opone a la fuerza como la atención hacia lo singular y la diversidad, la acogida de lo dado y la hospitalidad se oponen al rechazo de lo diferente y a la dominación.

La gratitud por lo dado genera amor por el mundo y confiere una energía capaz de resistir al sometimiento de la fuerza, que coloniza las mentes y las vuelve permeables a las soluciones autoritarias y a los discursos de extrema derecha. Ya se ha dicho que la gratitud por lo dado es, ante todo, gratitud por haber nacido. Esto implica también reconciliarse con aquello que no se ha elegido. Para que el sufrimiento no se transforme en resentimiento, para superar la ira —como lo logró Hannah Arendt cuando escribió a Karl Jaspers que necesitó tiempo para amar el mundo—,[16] es sin duda necesario que la gratitud por lo dado se despierte a través de la acogida del recién nacido o que emerja del sentimiento de plenitud que sigue a la creación de una obra del espíritu, que es también un acto de compromiso. Así debió ser para la filósofa tras concluir los tres tomos de *Los orígenes del totalitarismo*. La gratitud por lo dado equivale a celebrar un mundo en el que algo nuevo puede comenzar, donde se ama la libertad, donde el nacimiento y la acogida de seres siempre nuevos e imprevisibles obligan a organizar el espacio público y la sociedad de modo que la singularidad de cada uno y la diversidad sean respetadas. También conlleva hacer todo lo posible para que los más jóvenes tengan la oportunidad, gracias a una educación adecuada, de crear obras dignas de perdurar y de llevar a cabo acciones capaces de preservar y renovar el mundo común. Hoy eso exige unir nuestros esfuerzos para combatir sin descanso aquello que puede destruir la democracia, que es el único régimen político fundado en el amor por la libertad.

16 H. Arendt, *Correspondance, 1926-1968*, París, Payot, 1996. Véase la carta del 6 de agosto de 1955.

Esta potencia de actuar e innovar, que estimula la imaginación y comporta asumir riesgos —incluso el de sacrificarse para que otros sean libres—, participa de la sobreabundancia del amor. Por eso es incandescente:[17] arde sin consumirse, sin agotar su energía ni su creatividad, y difunde su luz. Si la fuerza es combustión, devastación y autodestrucción —pues nace de un vacío interior—, la potencia de lo femenino, que brota de la plenitud y de la conciencia de formar parte de un todo que nos interpela, irradia. Esta potencia envuelve a todo ser humano que no ha sofocado en sí los gérmenes del amor por el mundo y por la humanidad. Quiere decir que hay más alegría en dar que en recibir, en cuidar de los otros que en obtener la propia parte del botín, y que, en ese impulso de amor o de generosidad —como ocurre cuando se cuida de alguien más pequeño, ya sea un niño o un animal—, uno no cuenta los esfuerzos: estos se desvanecen.

Aunque posee la sencillez del amor y está al alcance de cualquiera, acceder a la potencia de lo femenino no es fácil, pues exige aprender la resistencia. Aporta capacidad de actuar y de comprometerse, energía y combatividad, pero la gratitud por lo dado, así como la aceptación de la alteridad y de lo desconocido que la nutren, son también fruto de experiencias en las que nos enfrentamos a numerosos obstáculos. El hecho de que

17 El término «incandescencia» designa el estado de un cuerpo calentado hasta volverse luminoso. Proviene del latín *incandescens*, *incandesco* (ser calentado, arder), compuesto por el prefijo *in-*, que indica intensificación, y *candesco*, que significa «volverse blanco». Emite luz debido a su alta temperatura, sin combustión.

la potencia de lo femenino se oponga a la fuerza que pretende someter todo lo que existe y considera al otro como enemigo no implica un repliegue en una actitud de resignación que prohíba la innovación, la iniciativa, la resistencia frente a la injusticia y la aspiración a transformar el orden de las cosas.

La potencia de lo femenino guarda así una estrecha relación con el feminismo, aunque también concierna a los hombres y pueda tocar en ellos una fibra sensible, despertando su propia potencia, cuya caricatura es la fuerza. Esto es así porque el feminismo es la historia de la opresión de las mujeres y de su lucha por denunciar y liberarse de la dominación masculina. Refleja sus esfuerzos por adaptarse a un estado social que nunca ha sido del todo hospitalario con las más libres de entre ellas, y da cuenta tanto de su determinación como de sus contradicciones. La potencia de lo femenino se nutre de muchas enseñanzas procedentes de la vivencia de las mujeres. Se inspira tanto en aquellas que se declaran feministas como en aquellas que aún no han tomado conciencia de las luchas que han debido y deben librarse para liberar a las mujeres y, con ello, también a los hombres. Todas ellas han experimentado la paciencia: paciencia ante lo dado, paciencia ante la persistencia de estructuras arcaicas de dominación presentes en todas las instituciones y en muchas situaciones, aunque a menudo pasen desapercibidas, paciencia como adaptación a contextos y circunstancias, paciencia como perseverancia y como resiliencia.

En todas partes y en todas las épocas, las mujeres oprimidas, las madres abrumadas por las tareas domésticas, sometidas a la autoridad de sus maridos y a los caprichos de sus hijos, han llevado las riendas del hogar. Incluso en los países donde deben soportar embarazos no deseados, alimentar a la familia, vestir a una tropa de chiquillos, vigilar y aconsejar a sus hijas tratando de apartarlas de la dura ley de la repetición que las conduce de la adolescencia al matrimonio y a la vida doméstica, siguen siendo reinas. Cualquiera que haya visto la sonrisa de esas mujeres mediterráneas de cuerpos marcados por múltiples embarazos, sin un minuto de respiro, comprende que su capacidad de adaptación, su humor y su resiliencia las destinan a ser quienes, pese a las apariencias, lo manejan todo.

En África del norte, en Asia, en América Latina, en los suburbios de nuestras metrópolis, en Berlín, Londres, Nueva York o París, en las ciudades y en el campo, las mujeres se esfuerzan cada día para sacar el máximo partido de lo que les ha sido dado, incluso cuando su parte es escasa y su margen de maniobra está limitado por la precariedad, la sobrecarga mental y la falta de tiempo, por los largos trayectos entre el trabajo y el hogar, y, en algunos países, por la opresión. Resisten —conscientemente o no— a aquello que, en el clima de nuestra época, exhala un hedor nauseabundo, fruto de la putrefacción del alma, destruida por el veneno del resentimiento hacia lo dado. Siguen adelante, incluso cuando sienten que no pueden más porque los resultados no llegan, hacen todo lo posible: no tienen elección. A pesar de los obstáculos, procuran que sus hijos, sus padres, sus parejas vivan lo menos mal posible en un mundo en descomposición, donde el cinismo parece imponerse, donde los valores de humanidad, el aprecio por el trabajo bien hecho, el dinero ganado con esfuerzo, el respeto a los mayores y la piedad filial son mirados con condescendencia. Porque, cuando se es mujer, y más aún si se es madre, ¿se puede renunciar a esos valores? ¿Se tienen el derecho y la posibilidad de abandonarlos y ponerse el traje de quien ya no cree en nada y solo busca enriquecerse, aun a costa de destruir los paisajes y el suelo, envenenar tanto el aire como el mar y corromper las almas?

Cuando los hijos de esas mujeres, de esas madres, sus maridos o sus padres acaban en prisión, son enviados a la guerra, saquean, se matan entre ellos, se convierten en delincuentes o en servidores de bandas criminales o de terroristas, su corazón sangra, pero permanece inalterable. El dolor y la ira aplastan la gratitud hacia la vida, pero no destruyen la disposición de esas mujeres a seguir dando, a apostar por la vida. Basta con que esa apuesta se traslade al espacio público para que su resistencia se vuelva activa y la potencia de lo femenino se transforme en un movimiento político.

Entonces se las ve comprometerse a su manera, como esas madres de Plaza de Mayo en Argentina, que cincuenta años después piden cuentas a la justicia para saber qué hizo la dictadura con sus hijos desaparecidos, cómo fueron asesinados y si es posible encontrar sus cuerpos. Persiguen a los camellos en los suburbios, organizan rondas de vigilancia nocturnas en los barrios en lugar de la policía. Dicen: no al exterminio de generaciones enteras sacrificadas por guerras que ya no son guerras de liberación, sino expresiones del imperio de la fuerza, de su sometimiento, de la espiral de violencia que esta genera inevitablemente. Como en Irán, queman sus velos para decir que aman la democracia y quieren que se respete su libertad, que se reconozcan la singularidad de cada persona y la diversidad. Al manifestarse, dicen: no a la pornografía, no a los algoritmos de las grandes plataformas digitales que entregan a niños y adolescentes a depredadores sexuales,[18] no a la violencia y al desprecio, no a la violación, no a una cultura que nos empuja, desde la más temprana edad, a cosificar a los seres identificados con sus cuerpos, a pensar que están —como las cosas— a disposición, que todo en ellos puede ser poseído y manipulado sin límite alguno. Como aquellas mujeres que fueron precursoras del ecofeminismo y a las que se tildaba de histéricas[19] porque hablaban de los efectos de los ver-

---

18 Véase el documental de É. Jadot, *Emprise numérique, 5 femmes contre les Big 5*, emitido en France 5 el 10 de diciembre de 2024. El 31 de enero de 2024, los dirigentes de las cinco mayores redes sociales, los «Big 5» (Facebook-Instagram, X, Discord, TikTok y Snapchat), fueron convocados por senadores estadounidenses que los acusaban de no hacer nada para proteger a los menores, quienes, al registrarse en estas plataformas, son abordados de inmediato por depredadores sexuales o empujados al suicidio, ya que los algoritmos de estas empresas les envían imágenes abominables y los exponen a personas malintencionadas. En la sala, cientos de padres sostenían en silencio la foto de su hijo o hija, en su mayoría fallecidos tras haber sido acosados en internet. Cinco mujeres, madres o hijas, han decidido emprender la lucha contra estos poderosos directivos, para que las redes sociales dejen, por fin, de matar.

19 C. Krauss, «Des bonnes femmes hystériques: mobilisations environnementales populaires féminines», en *Reclaim, Recueil de textes écoféministes*, París, Cambourakis, 2016, p. 224.

tederos radiactivos instalados cerca de sus casas sobre la salud de sus hijos y que organizaron largas marchas para denunciar la indiferencia de los poderes públicos, ellas dicen: no a la destrucción de los bosques, al saqueo de los mares, a la contaminación que envenena la atmósfera y mata primero a los más frágiles, a la comida basura que se asocia a obesidad, malestar y sufrimiento animal.

Porque la dominación es una sola: aunque adopte formas diversas, siempre es control, depredación, desprecio por el otro y por el cuerpo, ausencia de reparto y de consideración. La potencia de lo femenino dice no a la injusticia, al desprecio de clase, a la relegación en la invisibilidad, lo trivial y lo insignificante. No al espectáculo de ideólogos peleándose en platós de televisión o en asambleas mientras quienes se benefician del extractivismo y el productivismo se frotan las manos. No a las soluciones puramente técnicas frente al cambio climático, no a la criminalización de los alertadores, cuando disponemos de todo lo necesario para cambiar de modelo de desarrollo y sabemos perfectamente qué habría que hacer para vivir mejor, compartir las riquezas y el poder, iluminar la vida de los niños y mejorar la condición animal.

Intelectuales y mujeres de la limpieza, profesoras y obreras, campesinas, artistas, habitantes de ciudades y de pueblos, cristianas, judías, musulmanas, budistas y ateas dan testimonio a favor de la vida y demuestran la potencia que emerge de ella.

Incluso aquellas que sufren un dolor atroz, porque sus hijos no volverán jamás, expresan, en su desesperación, un sí a la vida. Porque, más aún que un homenaje al ser que, habiendo nacido, ya no está, el grito que desgarra el alma de quien lleva el duelo por un hijo o una hija constituye un sacramento. Aunque no se pueda encontrar su cuerpo ni ofrecerle una sepultura digna, el cuerpo del difunto —visto, tocado o desaparecido— queda, por esa misma pena, sustraído de la profanación.

Es así que las mujeres, dispersas por el planeta, cada una con su propia historia pero reunidas en esta celebración de la vida, ofrecen su incandescencia, que es un regalo del presente para el futuro, una esperanza llegada del pasado, de aquello que no se vivió por completo en el pasado, de lo que fue fallido, pero que, si aceptamos ver las promesas no cumplidas que encierra, contiene los gérmenes de un porvenir mejor.

Los regímenes autoritarios y las teocracias subyugan a las mujeres, y las primeras víctimas del fascismo en cualquier parte del mundo son las mujeres. Se las aparta del poder, se les prohíbe circular libremente y su rostro debe permanecer oculto. Esto ocurre porque los regímenes de extrema derecha, ya sean religiosos o laicos, no pueden tolerar la libertad de las mujeres, su capacidad de desobedecer leyes injustas cuando estas les exigen traicionar su sentido moral, enviar a sus hijos a prisión o cuando se los asesina. Una mujer silenciada es una Antígona que se quiere condenar al silencio, recluida para que lo sagrado que encarna, y que remite al amor por los suyos y al deber hacia los muertos, no sea reconocido, quede excluido de la ley férrea de la política y del orden teológico-político.

Como escribe Ece Temelkuran, quien tuvo que abandonar Turquía para escapar de las amenazas del régimen de Erdogan y hoy es refugiada política en Alemania: «Las capitales caen una tras otra en las manos más habituadas a magrear cuerpos femeninos. [...] Lo masculino-radical no puede soportar nada fluido, sea de género o los ríos; todo tiene que estar fijo para que se sienta seguro. Hay que uniformar todas las irregularidades. Lo que amenaza tanto a los cuerpos de las mujeres como a la propia Tierra es el mismo lema masculino-radical: poder significa destrozar; gobernar significa controlar; existir significa poseer».[20] Esa caricatura del poder que es la tiranía y ese miedo a la vida que todo lo ensucia y extiende su obscenidad por doquier son los fundamentos del fascismo, que despliega su imperio y su sometimiento sobre vastas regiones del mundo. Es la confesión de una impotencia, la marca de una debilidad, de una falta de vitalidad, de una incapacidad para amarse y para amar.

Los regímenes fascistas sofocan la compasión y propagan el odio, pero no pueden destruir por completo el amor. Algunos dirán que el Estado de derecho desaparece a mayor o menor velocidad según el país, y que lo que antes se llamaba moralidad y justicia se ha convertido en una cuestión de elección personal. Es cierto, y sería inútil negar que atravesamos una época oscura, en la que los seres humanos se devoran unos a otros. Y, sin embargo, es precisamente cuando esa locura perpetua y el miedo a lo que podría desenca-

20 E. Temelkuran, *Juntos, op. cit.*, p. 118.

denar nos asedian que «surge la necesidad de repensar nuestras ideas sobre la vida y sobre lo que significa ser humano».[21]

Es preciso tomar conciencia de la petrificación del alma y de la descomposición de la democracia que el imperio de la fuerza y los partidos de extrema derecha desencadenan al ejercer su sometimiento sobre las poblaciones. Solo así se comprende que los peligros actuales no provienen del colapso de la especie humana ni de una supuesta ausencia de nobleza en ella, sino del discurso de quienes niegan toda bondad y rehúyen reconocer que lo que llega a su fin es todo un modelo de desarrollo basado en la dominación de los demás y de la naturaleza. No es la humanidad la que se derrumba, sino un sistema económico y social; y con él, los modos de producción y de consumo, así como las formas de vida que lo mantenían artificialmente con vida. Esta distinción debe reafirmarse una y otra vez hasta que se convierta en el *Zeitgeist*, el espíritu de nuestro tiempo.

Nos opondremos a quienes buscan aplastar lo que hay de bello en el ser humano y en la naturaleza, y que, para ampliar su poder, arrasan el planeta y desencadenan guerras interminables. Despertaremos en nosotros la potencia de lo femenino, que designa la gratitud por lo dado, el cuidado de la naturaleza, el respeto por la singularidad de cada ser y por la diversidad, la acogida de seres nuevos a quienes se ofrece una educación que les permita desplegar su creatividad,

21 *Ibid.*, p. 220.

así como alimentos sanos que fortalezcan su cuerpo e insuflen en ellos el deseo de vivir bien con y para los demás, humanos y no humanos, en el marco de instituciones justas. Sin retroceder ante la dureza del combate que hay que librar contra los movimientos que encarnan el sometimiento de la fuerza, ofreceremos a las generaciones presentes y futuras nuestra incandescencia, que es también pasión por el pensamiento, coraje y potencia de la compasión.

BIBLIOGRAFÍA

ABEL, O., *De l'humiliation. Le nouveau poison de notre so-ciété*, París, LLL, 2022.

ADORNO, T.W., *Stichworte. Kritische Modelle 2*, Frankfurt, Suhrkamp, 1970.

—, «Estudios sobre la personalidad autoritaria», en *Escri-tos sociológicos II (vol. 1)*, Madrid, Akal, 2009.

ANDERS, G., *El tiempo del fin*, Madrid, Alma Negra, 2025.

—, *La amenaza atómica. Reflexiones radicales sobre la era atómica*, Valencia, Pre-Textos, 2025.

ARENDT, H., *Correspondance, 1926-1968*, París, Payot, 1996.

—, «En guise de conclusion», en *Les origines du totalita-risme. Eichmann à Jérusalem*, Gallimard, 2002.

—, «Totalitarismo», *Los orígenes del totalitarismo*, Madrid, Alianza, 2006.

—, *Hombres en tiempos de oscuridad*, Barcelona, Gedisa, 2017.

—, *¿Qué es la política?*, Barcelona, Paidós, 2018.

—, *La condición humana*, Barcelona, Paidós, 2020.

BECKER, E., *La negación de la muerte*, Barcelona, Kairós, 2003.

BUFFET, A.L., *L'emprise*, París, PUF, 2023.

DERRIDA, D., *Aporías. Morir-esperarse (en) los límites de la verdad*, Barcelona, Paidós, 1998.

DUBIEL, H., *Leo Löwenthal: una conversación autobiográfica*, Valencia, Institució Alfons el Magnànim-Centre Valencià d'Estudis i d'Investigació, 1993.

FREUD, S., «Introducción del narcisismo», en *Obras completas,* t. XIV, Buenos Aires, Amorrortu, 1984.

FROIDEVAUX-METTERIE, C., *La révolution du féminin*, París, Gallimard, 2020.

FROMM, E., *El corazón del hombre*, Ciudad de México, FCE, 1966.

GOODHART, D. *Les deux clans, la nouvelle fracture mondiale*, París, Les Arènes, 2019 [original: *The Road to Somewhere: The Populist Revolt and the Future of Politics*, Londres, C. Hurst & Co., 2017].

HAFFNER, S., *Historia de un alemán. Memorias 1914-1933*, Barcelona, Destino, 2021.

HERMAN, E.S. y CHOMSKY, N., *Los guardianes de la libertad*, Barcelona, Austral, 2022.

HUNYADI, M., *Faire confiance à la confiance*, Toulouse, Érès, 2023.

É. JADOT, *Emprise numérique, 5 femmes contre les Big 5*, documental, Francia, 2024.

KANT, I., «En torno al tópico: tal vez eso sea correcto en teoría, pero no sirve para la práctica», en *Teoría y práctica*, Madrid, Tecnos, 1986.

—, *Sobre la paz perpetua*, Madrid, Alianza, 2002.

—, *La religión dentro de los límites de la mera razón*, Madrid, Alianza, 2016.

KIERKEGAARD, S., *La enfermedad mortal*, Madrid, Trotta, 2008.

—, «Junto a una tumba», en *Discursos edificantes. Tres discursos para ocasiones supuestas*, Madrid, Trotta, 2010.

Krauss, C., «Des bonnes femmes hystériques: mobilisations environnementales populaires féminines», en *Reclaim, Recueil de textes écoféministes*, París, Cambourakis, 2016.

Lévinas, E., *Dios, la muerte y el tiempo*, Madrid, Cátedra, 1994.

Levitsky, S. y Ziblatt, D., *Cómo mueren las democracias*, Barcelona, Ariel, 2018.

Löwenthal, L. y Guterman, N., *Profetas del engaño. Un estudio de las técnicas del agitador estadounidense*, Buenos Aires, Las Cuarenta, 2024.

Marzano, M., «Qu'est-ce que la confiance ?», *Études,* vol. I, n.º 412, 2010.

Merleau-Ponty, M., «Nota sobre Maquiavelo», en *Signos*, Barcelona, Seix Barral, 1964.

—, *Psychologie et pédagogie de l'enfant*, Lagrasse, Verdier, 2001.

Montesquieu, *Del Espíritu de las Leyes*, Madrid, Alianza, 2015.

Pagis, J., *Le prophète rouge*, París, La Découverte, 2024.

Pelluchon, C., *Manifiesto animalista. Politizar la causa animal*, Barcelona, Reservoir Books, 2018.

—, *Ecología como nueva Ilustración*, Barcelona, Herder, 2022.

—, *La esperanza o la travesía de lo imposible*, Barcelona, NED, 2023.

—, *Ética de la consideración*, Barcelona, Herder, 2024.

—, *L'être et la mer. Pour un existentialisme écologique*, París, PUF, 2024 [trad. cast.: *El ser y el mar*, Barcelona, Herder, en prensa]

Platón, *Alcibíades I*, en *Diálogos VII*, Madrid, Gredos, 1992.

—, *Apología de Sócrates*, Madrid, Gredos, 2010.

RACAMIER, P., *Les perversions narcissiques*, París, Payot, 2023.

RAWLS, J., *Teoría de la justicia*, Ciudad de México, FCE, 1979.

—, *El liberalismo político*, Barcelona, Crítica, 1996.

REICH, W., *¡Escucha, hombrecillo!*, Madrid, La Linterna Sorda, 2015.

—, *Psicología de masas del fascismo*, Madrid, Enclave de Libros, 2020.

RICŒUR, P., «La paradoja política», en *Historia y verdad*, Madrid, Encuentro, 1990.

—, «Préface», en Arendt, H., *Condition de l'homme moderne*, París, Calmann-Lévy, 1993.

—, *Sí mismo como otro*, Madrid, Siglo XXI, 2006.

ROUSSEAU, J.J., *El contrato social*, Madrid, Akal, 2017.

ROUSSET, D., *El universo concentracionario*, Barcelona, Anthropos, 2004.

SCHELL, J., *El destino de la tierra*, Barcelona, Argos Vergara, 1982.

SÓFOCLES, «Antígona», en *Tragedias*, Madrid, Gredos, 2008.

SPINOZA, B., *Ética demostrada según el orden geométrico*, Madrid, Alianza, 2011.

STERNHELL, Z., *Les anti-Lumières. Une tradition du XVIIIᵉ siècle à la Guerre froide*, París, Fayard, 2006.

TEMELKURAN, E., *Cómo perder un país. Los siete pasos que van de la democracia a la dictadura*, Barcelona, Anagrama, 2019.

—, *Juntos. Un manifiesto contra el mundo sin corazón*, Barcelona, Anagrama, 2022.

TOCQUEVILLE, A. de, *La democracia en América*, Madrid, Trotta, 2018.

Uexküll, J. von, *Andanzas por los mundos circundantes de los animales y los hombres*, Buenos Aires, Cactus, 2016.

Villalba, B., *Politiques de sobriété*, París, Le Pommier, 2023.

Weber, M., *Sociología del poder. Los tipos de poder legítimo*, Madrid, Alianza, 2023.

Weil, S., «Reflexiones sobre la barbarie», en *Escritos históricos y políticos*, Madrid, Trotta, 2007.

—, *Echar raíces*, Madrid, Trotta, 2014.

—, *La Ilíada o el poema de la fuerza*, Madrid, Trotta, 2023.

Zambrano, M., *Isla de Puerto Rico. Nostalgia y esperanza de un mundo mejor*, Madrid, Vaso Roto, 2017.